ro
ro
ro

Zu diesem Buch Kerstin Dombrowski hat für die Schlagzeile das gemacht, was das Boulevardgeschäft verlangt: sich in Sex-Sekten eingeschlichen, als irrer Groupie Prinz Charles verfolgt, ihre Freunde für gefälschte Umfragen herangezogen, den Eltern ermordeter Kinder aufgelauert und fragwürdige Schönheitschirurgen bei der Arbeit begleitet.

Hier erzählt sie aber nicht nur von dem harten, skurrilen, unfassbaren, aber auch faszinierenden (Arbeits-)Alltag in den verschiedenen Boulevardredaktionen, von ehrgeizigen Kollegen und aufdringlichen Chefs, sondern lässt auch ihre persönliche Entwicklung Revue passieren: Aus der naiven, unkritischen Praktikantin, die für eine gute Story alles tun würde, wurde die Journalistin, die begann, die Menschen hinter den Geschichten zu sehen, die schließlich ausstieg und die sich heute manchmal nur schwer erklären kann, wie sie so lange dabeibleiben konnte.

Die Autorin Kerstin Dombrowski, Jahrgang 1973, studiert zurzeit Psychologie an der Universität Köln. Sie arbeitet als freie Journalistin für den WDR.

Kerstin
Dombrowski

Titten,
Tiere,
Tränen,
Tote

Eine Boulevard-
Journalistin
auf der Jagd

Rowohlt Taschenbuch Verlag

Dieses Buch beruht auf wahren Begebenheiten. Um
die Privatsphäre aller Beteiligten zu schützen, habe ich
Namen und in einigen Fällen auch charakteristische Züge
oder Äußerlichkeiten verfremdet. Ich habe die Ereignisse
teilweise aus Unterlagen, Zeitungs- oder Fernsehberichten,
durch Gespräche mit Beteiligten, zum Großteil aber aus
der Erinnerung rekonstruiert. Dabei habe ich versucht,
alles Geschehene und Gesagte möglichst wahrheitsgetreu
wiederzugeben.

Originalausgabe
Veröffentlicht im Rowohlt Taschenbuch Verlag,
Reinbek bei Hamburg, Januar 2008
Copyright © 2008 by Rowohlt Verlag GmbH,
Reinbek bei Hamburg
Umschlaggestaltung ZERO Werbeagentur, München
(Foto: privat)
Satz Janson Text PostScript, InDesign CS 2,
bei Pinkuin Satz und Datentechnik, Berlin
Druck und Bindung Clausen & Bosse, Leck
Printed in Germany
ISBN 978 3 499 62317 2

Meiner Zaubermaus

Inhalt

W ir hippen Medienmenschen» nennt Kerstin Dombrowski augenzwinkernd das Kollektiv der Boulevardjournalisten. «Die hippen Medienmenschen». Was sind sie eigentlich? Außer selbstverliebt und schamlos in ihrer Neugier, im Verbiegen der Wahrheit und im Erfinden einer ganz neuen. Kerstin Dombrowski sucht Antworten – und als eine, die zehn Jahre mitten in diesem Kollektiv «gedient» hat, findet sie auch welche. Wie sie diese Antworten findet und welche Antworten es sind: Das macht das vorliegende Buch lesenswert. Für Journalisten sowieso, auch solche, die dem hippen Boulevardkollektiv nicht angehören. Und ganz ohne Frage auch für Leserinnen und Leser, für Fernsehzuschauerinnen und -zuschauer – gleich, ob sie dem Boulevard verfallen sind, sich mit ihm abgefunden haben oder nicht.

Kerstin Dombrowski geht mit 22 zur Bild-Zeitung, da war das neue Deutschland schon ein halbes Jahrzehnt alt. Innerlich schaudert es sie, sie mag das Blatt nicht besonders. Aber ein Praktikum muss her, die Studienordnung verlangt es. Und da sonst keine Zeitung nach der jungen Frau greift …

Ihr Entschluss löst Entsetzen in ihrer nächsten Umgebung aus. Aber durch Kritik an ihrem Schritt zu Bild lässt sie sich «nicht einschüchtern», wie sie sagt. Ein kleiner semantischer Trick, mit dem sie die Verhältnisse gleich zu Beginn ihrer Karriere in noch gar nicht geschulter, aber instinktiver Professionalität auf den Kopf stellt und sich ihren künftigen Weg freisprengt: Kerstin ist Kämpferin für ihre Rechte – zu Bild zu gehen. Und die Kritiker der Bild? Das sind die Unterdrücker von Kerstin.

Bis sie diese aus Gründen der Selbstschonung zurechtgebastelte Skulptur wieder auf die Füße stellt, vergehen zehn Jahre. Zehn Jahre meist skrupelloser Recherchen und verlogener Berichte nicht nur bei Bild, sondern später auch bei den einschlägigen Privatfernsehsendern Sat.1 und RTL, die mit der nur leicht abgemilderten Bild-Methode Quote machen.

Kerstin Dombrowski schildert in ihren Geschichten, wie aus recherchierten Halbwahrheiten im Prozess der Artikelproduktion Viertelwahrheiten und reine Lügen werden, und verschweigt nicht, dass die eigene Bedenkenlosigkeit solche Ergebnisse zu verantworten hat. Sie sollte zum Beispiel eine junge Frau interviewen, die nach einem Autounfall auf der Intensivstation lag. Die Frau hatte selbst den Unfall verursacht, bei dem ihre beste Freundin auf dem Beifahrersitz saß und umgekommen war. Die junge Bild-Reporterin weigert sich nicht, sie marschiert mit dickem Blumenstrauß und schlechtem Gewissen los. Glücklicherweise stoppt die zuständige Krankenschwester ihre Enthüllungsgier und macht ihr die Tür vor der Nase zu. Ein Bericht «aus erster Hand» erscheint trotzdem.

Auf der Jagd nach der angeblich einzigartigen Story, darüber lässt Kerstin Dombrowski keinen Zweifel, werden die Subjekte der Berichterstattung zuerst Objekte und dann beliebig auszubeutende, ja auszuschlachtende Trophäen, die zur Strecke gebracht zu haben den Stolz der Boulevardautoren mehrt. In ihrer Zeit als TV-Journalistin bei Sat.1 erfährt sie, mit welchen Methoden der dortige Polizeireporter Mick Leute zum Sprechen bringt. So wollte er die hinterbliebene Ehefrau eines tödlich Verunglückten interviewen, aber diese blieb gefasst und abweisend. Bis Polizeireporter Mick sie gezielt fragte, ob es ihr nicht weh täte, wenn sie ihren Mann vor sich sehen würde, zerschmettert, in seinem eigenen Blut. Da brach sie in Tränen aus, und der Polizeireporter konnte die Kamera «draufhalten». Unter dem Begriff «Witwenschütteln» ist diese Methode unter den einschlägigen Reportern nicht unbekannt.

Verantwortlich für das Funktionieren des Boulevardjournalismus ist allerdings auch, so schildert uns Kerstin Dombrowski, das rechtfertigende System selbst, das besonders Bild geschaffen hat. Der bekannteste aller Journalistenausbilder, Wolf Schneider, hochgeehrter Autor zahlreicher Gutes-Deutsch-Bücher, lange Jahre bei Springer angestellt, ist dafür ein schlimmes Beispiel. In der mündlichen Rede ließ der Schöngeist des geschriebenen Wortes jeden Anstand hinter sich. Und prägte mit seinen Einpeitscheranweisungen ganze Generationen von Journalisten, die durch seine Schule gingen. Seine Tiraden als lehrender Vortragskünstler sind der Nachwelt erhalten geblieben. Schneider im Originalfrontberichterstatterton: «Man darf weder Fotos noch Bildbeschaffung auf eine zahme und appetitliche Weise betreiben. Wenn Sie an Menschen ranwollen, sind Sie immer brutal.» ... «Ein guter Rechercheur kann drei Polizisten zusammenschlagen und fünf Krankenschwestern verführen oder so, um zu dem prominenten Politiker, der im Sterben liegt, ins Krankenhaus zu kommen. Ihr Auftrag ist, an die ranzukommen, an die man nicht rankommt. Keiner fragt wie, aber Sie sollen zum Ziel gekommen sein. Es ist erwünscht, dass der Rechercheur ankommt und sagt: ‹Hier hab ich das Bild und hab auch noch drei Leute zusammengeschlagen›, nicht, dass er sagt: ‹Da standen aber welche, die hätt' ich zusammenschlagen müssen ... ich hab kein Bild.›» ... «Der häufigste Fall ist: Sie klingeln bei den Eltern des ermordeten Kindes. Das hat ja auch Wallraff und seine Leser zu Tränen gerührt. Ich konnte darüber nur sehr laut lachen. Vornehm beschaffen und fotografieren kann man Sonnenuntergänge. Wollen Sie aber Guerillas, Eingeborene, Terroristen, Mörder, Demonstranten fotografieren, müssen Sie anders rangehen ...»

Für die Texter hatte Wolf Schneider parat: «Feuern Sie aus allen Rohren, Sie müssen schneller schießen! Ihre Sätze müssen auf den Knalleffekt zumarschieren!»[1] Stolz ist er darauf bis heute, als 82-Jähriger. Er hat jedenfalls seine menschenverachtenden Anweisungen für die angehenden Boulevardjournalisten nie zurückgenommen oder bedauert.

Derartige Regeln, wie das System und seine Teile zu funktionieren hätten, pflanzen sich unter den Boulevardmedien wie in einer beliebigen Sekte fort. Deshalb zählen sie unter den Autoren nicht mehr nur als eingebimste, sondern längst als gefühlte Notwendigkeit. Nur die wüstesten Storys, eben «Titten, Tiere, Tränen, Tote», so die allgemeine Überzeugung, machen Quote und Auflage.

Mit der Zuckerbrot-und-Peitsche-Methode setzen die Oberen dieses Ziel gegen etwaige Zweifler durch, das belegt Kerstin Dombrowski eindringlich. Für die Anhänger der Sekte gilt, ihrem Bannstrahl auszuweichen, der Wunsch nach Anerkennung durch die Gurus, die Chefredakteure, erhält geradezu existenziell-religiöse Dimensionen. Kriechertum und Liebedienerei bilden in diesen Redaktionen eine erschreckende Unkultur aus.

Der Bundesgerichtshof hat Bild als eine «Fehlentwicklung im deutschen Pressewesen» bezeichnet. Und Chefredakteur Kai Dieckmann bescheinigte das Landgericht Berlin, er habe sich «mit Wissen und Wollen in das Geschäft der Persönlichkeitsrechtsverletzung begeben».

Die durchaus naheliegende Frage: «Wollen eigentlich die Leserinnen und Leser, die Fernsehzuschauerinnen und -zuschauer die Produkte dieser Art des Boulevardjournalismus?», stellen die Boulevardmedien nicht. Diese Frage stellt das hermetische, sich selbst reproduzierende System nicht. Das Boulevardsystem funktioniert ohne diese Frage und ohne Selbstzweifel, es bestätigt sich ständig in jeder «gelungenen»

---

[1] Günter Wallraff, Zeugen der Anklage, Kiepenheuer & Witsch 1982.

und «gut verkauften» Geschichte stets aufs Neue. Das Prinzip der abgeschlossenen, sektenähnlichen Ingroup beschreibt auch Kerstin Dombrowski: Boulevardjournalisten verkehren irgendwann nur noch unter ihresgleichen, ziehen sich aneinander hoch, bestärken sich – bei aller Konkurrenz –, dass sie die Besten und die Größten sind. Dieses Sich-Einschwören, Sich-Isolieren, dies Verweigern jeglicher Selbstreflexion mag auch in einem beliebigen Fußballfanclub nicht anders sein: bloß tobt eine solche Ingroup sich nicht in der Verblödung einer ganzen Nation aus. Und selbst eine Massenschlägerei in der Fankurve von Hertha BSC hat weniger schlimme Auswirkungen als die mörderischen Schreibereien und gefilmten Grausigkeiten des Boulevard.

Boulevardjournalisten legen gerne bloß: Mordmotive, Gewaltgründe, Anlässe für Absonderlichkeiten jeglicher Art und phantasierte Abgründe von Menschen, die anders sind. Bloßgestellt werden natürlich immer die anderen. Dass in diesem Buch ein Mitglied dieser Branche sich selbst enthüllt, macht es zu einem außergewöhnlichen Ereignis. Denn meist schweigt diese Zunft über sich und ihre Methoden. Es gilt das Ganovenehrenwort – wenn es denn überhaupt zu der Selbsterkenntnis reicht, ein verbrecherisches Geschäft auszuüben.

Kerstin Dombrowski hat schließlich den Mut aufgebracht, sich selbst und ihr Genre durchschaubarer zu machen. Der Anlass ist so menschlich wie banal: Aus der jungen Frau ist eine Mutter geworden, das stärkt in diesem Falle das Verantwortungsgefühl – auch gegenüber den Mitmenschen. Deshalb wendet sich die Autorin vom Boulevardjournalismus ab und enthüllt uns, wie es dort zugeht. Das tut sie nicht mit psychologischem Besteck, erst recht nicht mit dem Handwerkszeug der Politikwissenschaft oder der Soziologie. Sie tut es mit den Mitteln, die sie gelernt hat: Geschichten erzählen, und zwar gleichermaßen schonungslos wie naiv. Mit der speziellen journalistischen Naivität, die in der Branche häufig gelobt wird: Nur wer genügend unvoreingenommen – und das heißt: ohne tiefere Kenntnis, eben naiv, ja geradezu jungfräulich – an eine Geschichte herangehe, könne sie so schreiben, dass sie vom Publikum auch verstanden werde. Der Rest sei unlesbarer Fachjournalismus.

Kerstin Dombrowski erzählt, wie sie die Themen gefunden hat, wie ihre Geschichten zustande kamen, was sie den Menschen zumutete, über die sie berichtet hat, was sie mit ihren Artikeln und Beiträgen angerichtet hat und was sie in manchen Fällen auch Positives bewirkte. Im besten der klassische Fall: Spenden sammeln für ein krankes Kind.

In ihren Geschichten erzählt die Autorin auch von der Macht. Der Macht, die ein verantwortungsloser Schönheitschirurg hat, um ein Porträt über ihn werbewirksam zu gestalten und eine kritische Sendung zu verhindern. Der Macht, die auch andere Großkopfeten einsetzen, um die Medien im Zaum zu halten. Die Systematik dieses «Oben-unten» drängt sich selbst dem unbefangenen Leser von Kerstin Dombrowskis «Erinnerungen» auf. Sie hätte sich noch mehr aufgedrängt, wenn die Autorin auch in den politischen Kernbereichen für Boulevardmedien gearbeitet und darüber zu berichten hätte. Die Durchdringung von rechtslastiger, häufig rassistischer politischer Berichterstattung und prallen Rühr- und Gewaltstorys im Boulevard ist ja wirklich augenfällig.

Aber in diesem Buch geht es nicht um Politik im engeren Sinne. Und deshalb zurück zu einer weiteren Frage, die der Boulevard aufwirft, auch wenn das Buch sie nicht stellt, obwohl sie die ganze Zeit mitschwingt: Warum überhaupt diese Inflation menschelnder Elendsgeschichten, meist mit menschenverachtendem Einschlag? Die längst auch das öffentlich-rechtliche Mediensystem und die sogenannte seriöse Presse erreicht hat. Was steckt hinter dieser Sucht, den Konsumenten ein Leben zusammenzubasteln aus den berichteten Schreckensgeschichten anderer und dem eigenen mäßigen Alltag, der unberichtet bleibt? Die Auflage der Bild ist deutlich gesunken – ihre Methode hat sich dafür krebsgeschwürartig ausgebreitet bis in wohlanständige Redaktionsstuben hinein; wenn auch nicht ganz so rabiat, nicht ganz so verlogen, nicht ganz so hämisch. Aber auch anderswo gilt: Hinter individuellen Schicksalsgeschichten, die immer weiter in den Vordergrund gedrängt werden, verschwinden – schon aus quantitativen Gründen der schrumpfenden restlichen Sendezeit bzw. der noch verfügbaren freien Druckseiten – die sozialen und politischen Zusammenhänge. Und sie sollen, darf man unterstellen, dahinter verschwinden, weil sie seit dem rabiaten Durchmarsch des ungezähmten globalen Turbokapitalismus noch angestrengter, ja angstvoll verdunkelt und vernebelt werden müssen, damit sich kein sozialer Unmut zusammenballt, sondern damit der massenhafte Ärger über die Verhältnisse als Aufregung über berichtete Verfehlungen, Ab- oder Unartigkeiten irgendwelcher Einzelner ziellos verpufft.

Wie gesagt, das vorliegende Buch behandelt dieses Thema nicht, aber es liefert authentisches Material, wie es noch immer zugeht in den Redaktionen von Bild und vergleichbaren Fernsehsendern. Und damit liefert es ebenso Material zu einer politischen Einordnung der Schand- und Schmalzgeschichten, der Gewalt- und Rührstorys in den Boulevardmedien in einer Zeit, die mehr Aussteiger bräuchte aus dem System der Macht, deren Teil bestimmte Medien und der grausige Boulevard sind. Bild, auch das ist höchstrichterlich bestätigt, darf als «professionelle Fälscherwerkstatt» und «Zentralorgan des Rufmordes» bezeichnet werden. Dass diese publizistische Umweltverschmutzung heute wieder eine gewisse Akzeptanz unter Politikern und Prominenten – nicht nur am rechten Rand – genießt, wirft ein trübes Licht auf die geistige Verfassung der Republik und ist leider kein Hinweis darauf, dass das Kampfblatt der Verdummer seriöser oder gar ehrlicher geworden wäre. Im Internet häuft «Bildblog.de» täglich Fall auf Fall verlogener Berichterstattung. Das vorliegende Buch von Kerstin Dombrowski belegt kompakt und nachvollziehbar: Diese Art von Boulevardjournalismus ist nach wie vor «eine unerträgliche Seuche», so wie es Heinrich Böll schon vor drei Jahrzehnten der Bild-Zeitung attestierte.

Günter Wallraff
Oktober 2007

S o, jetzt reicht's. Es ist der 28. Juli 2006. Ich soll eine Umfrage zum Thema «Mehr Sexlust im Sommer» machen, ein Thema, das jedes Jahr aufs Neue gesendet wird, wenn den Planern mal wieder nichts Besseres einfällt. Nur sind die Umstände heute alles andere als günstig: Der Himmel ist grau, und es regnet in Strömen. Deshalb ordnet meine Chefin an, die Interviews im Einkaufszentrum zu führen. Interviews zu einem Sommer-Sonnen-Thema vor der neonbeleuchteten Auslage eines Fischgeschäfts? Was für ein Unsinn, denke ich. Aber meine Vorgesetzte findet nichts dabei, Hauptsache, sie bekommt ihre Geschichte.

Unzufrieden sitze ich etwa eine Stunde später im Wagen meines Kamerateams. Ich denke daran, dass ich früher sogar zu solchen Umfragen mit Begeisterung losgezogen bin. Jetzt spüre ich einen tiefen Widerwillen. Es ist mir unangenehm, mit dem gelben Mikrophon in der Hand und dem Kameramann im Rücken Leute anzusprechen, um sie zu fragen, ob sie bei Sonnenschein mehr Lust auf Sex haben: «Und wann genau hatten Sie zum letzten Mal Sex? Und wo? Und wie oft?» Die meisten behandeln einen, als wäre man aussätzig. Und ganz ehrlich: Ich würde zu diesem Thema auch nichts sagen wollen.

Seit zehn Jahren arbeite ich nun als Boulevardredakteurin – angefangen habe ich in der Lokalredaktion der Bild, später wechselte ich zum Fernsehen.

In dieser Zeit habe ich mich in eine Sex-Sekte eingeschlichen, Prinz Charles verfolgt und mir damit eine ganze Polizeieinheit auf den Hals gehetzt. Ich habe an den Türen der Eltern geklingelt, deren Kinder gerade ermordet worden waren, und

mich im Krankenhaus als Angehörige eines Unfallopfers ausgegeben, kurz: Ich habe all das getan, was in diesem Geschäft
verlangt wird, meist ohne darüber nachzudenken.

Dabei halte ich mich durchaus für einen netten und sen-
siblen Menschen – auch wenn man das von einer Boulevardredakteurin vielleicht anders erwarten würde.

Meine Antriebsfeder war nicht nur Ehrgeiz. Ich bin neugierig, reagiere meist schneller, als ich nachdenke, und traue
mich selten, spontan nein zu sagen. So ließ ich mich sogar zu
einem aufgebrachten Hotelier schicken, der wenige Tage vorher versucht hatte, einen Kollegen von mir mit dem Auto zu
überfahren, und das, obwohl ich gerade schwanger war.

Unzählige Male saß ich, nachdem ich mich für eine Geschichte gemeldet hatte, bereits in meinem Wagen und überlegte erst dann, wie ich die Situation nun handhaben könnte.

Die vergangenen zehn Jahre waren für mich eine aufrei-
bende, abenteuerliche Zeit, in der ich lange komplett und – aus
heutiger Sicht – erstaunlich unkritisch in den Job eingetaucht
bin. Ich hatte kaum Kontakt nach «draußen». Während andere
Anfang 20-Jährige ausgingen, arbeitete ich noch in der Redaktion, pirschte irgendwelchen Promis hinterher oder begleitete
Frauen dabei, wie sie sich operativ zu Pamela Anderson oder
Cher verwandeln ließen.

Wir «hippen Medienmenschen» fanden uns und unser Leben ziemlich großartig: Wir waren häufig unterwegs und stie-
ßen dabei auf viele spannende Leute und Situationen. Dafür
nahmen wir höchst unregelmäßige Arbeitszeiten in Kauf, die es
schwierig machten, private Kontakte zu pflegen oder eine Verabredung hundertprozentig einzuhalten. Schon deshalb war
es das Leichteste, wenn wir auch in der Freizeit «unter uns»
blieben – so hatte wenigstens jeder Verständnis, wenn wieder
irgendein beruflicher Termin in den geplanten Kinobesuch
platzte. Außerdem verbrachten wir gerne Zeit miteinander,

schließlich waren wir alle vom gleichen Virus befallen: dem Virus «Boulevardjournalismus». In angesagten Bars tauschten wir uns nach Feierabend über garstige Chefs, schräge Protagonisten und spannende Themen aus und trösteten uns gegenseitig bei Beziehungskrisen mit unseren verständnislosen Partnern. Wir bildeten eine innige Gemeinschaft. Auf Dienstreisen waren die Nächte meist kurz: Es gehörte beinahe dazu, dass man abends nach dem Dreh noch zusammen um die Häuser zog, um am nächsten Morgen verkatert gemeinsam zu frühstücken. Sicherlich dadurch begünstigt, nahmen es viele mit der Treue nicht so genau, woran nicht nur meine Ehe scheiterte.

Einer meiner Chefredakteure sagte einmal, wir seien der bestbezahlte Kindergarten der Welt, und ich finde, dass das eine ziemlich treffende Beschreibung für unseren skurrilen Haufen ist. Ich bin bei meiner Arbeit wahrscheinlich auf mindestens genauso viele ungewöhnliche oder seelisch kranke Menschen gestoßen wie ein Psychiater oder Psychologe in seiner Praxis. Und damit meine ich nicht nur meine Kollegen. Auch wer sich gerne und regelmäßig vor die Kamera setzt, ist meist etwas eigenartig, wenn nicht gar gestört. Ich selbst weiß für mich, dass ich mich nie einem Boulevardredakteur aussetzen würde. Trauen kann man nämlich den wenigsten, weder als Protagonist noch als Kollege: Es haben wahrscheinlich schon genauso viele Interviewpartner wie Redakteure gestaunt, was in Zeitungen oder über den Flurfunk aus ihren Äußerungen wurde.

Und während wir aus dem Regen in das Parkhaus des Einkaufszentrums einfahren, in dem wir gleich mit unsittlichen Fragen über arglose Passanten herfallen werden, spüre ich es ganz deutlich: Zehn Jahre sind genug, mir reicht's. Ich werde Abschied nehmen von den vier «T» des Boulevardjournalismus – von Titten, Tieren, Tränen und Toten.

«Dauerwelle bestellt – Glatze bekommen»

Mein Vater hat die Bild-Zeitung immer im Urlaub gelesen. Ich kann mich gut daran erinnern, wie sehr ich mich schämte, wenn er am Frühstückstisch hinter dieser schon im Format unverwechselbaren Lektüre verschwand. Er fühlte sich wohl zwischen dem ausführlichen Sportteil, einem Hauch Politik und viel seichter Unterhaltung, Krimis und Liebesdramen. Dabei hatte ich den Eindruck, dass mein Vater sich immerhin vorstellen konnte, dass viele der Geschichten übertrieben, überzogen oder schlichtweg unwahr waren. Ganz anders meine Oma, seine Mutter: Für sie war die Bild mindestens so seriös wie die Tagesschau. Sie schob nur noch in Handschuhen ihren Einkaufswagen durch den Supermarkt, nachdem sie in der Bild gelesen hatte, dass man sich sonst mit Aids infizieren könnte, und war sehr in Sorge, als die Sichtung und Landung eines Ufos mit mutmaßlich fieser, glupschäugiger Besatzung gemeldet wurde. Sie glaubte fest an die absurdesten Bild-Weisheiten: an Meteoriten, die die Erde zerstören, oder schlimme Seuchen, die die gesamte Bevölkerung dahinraffen würden. Meine bodenständige Mutter lachte über solche Nachrichten und half mir dadurch, nicht nur trotz sämtlicher drohender Katastrophen zuversichtlich durchs Leben zu gehen, sondern brachte mich auch zu der Erkenntnis, dass die Bild so etwas wie eine täglich neu erscheinende Märchensammlung für Erwachsene sein musste – auf jeden Fall war diesem Blatt offenbar nicht zu trauen. Mit der Zeit entwickelte ich eine tiefe Abneigung gegen die Bild, trotzdem begann meine journalistische Karriere ausgerechnet bei dieser Zeitung. Eigentlich aus Versehen.

Nach meiner Ausbildung zur Reiseverkehrskauffrau wollte

ich Wirtschaftskommunikation studieren, was bedeutete, dass ich ein mindestens sechsmonatiges Praktikum im Medienbereich absolvieren musste. Kein Problem, dachte ich, und schickte wenige Wochen vor dem gewünschten Praktikumsbeginn selbstbewusst meine Bewerbungen an renommierte Tageszeitungen – und kassierte nur Absagen. Immerhin eine Zeitung bot mir einen Praktikumsplatz in der Buchhaltung an. Ein Drama, denn Rechnen, Kontieren oder Zettelsortieren fand ich schon während meiner Lehre fürchterlich.

Glücklicherweise kam meiner Freundin Claudia eine bessere Idee: Ihr ehemaliger Klassenkamerad Holger arbeitete bei der Bild als Reporter – vielleicht könnte der mir einen Praktikumsplatz besorgen. Ich zog die Augenbrauen hoch: ausgerechnet bei der Bild? Claudia nickte energisch und wischte meine Bedenken vom Tisch. Ihr Klassenkamerad hatte erzählt, dass Bild-Leute in Journalistenkreisen sehr angesehen seien, weil sie gelernt hätten, was überhaupt eine Geschichte sei, wie man sie zügig recherchiert und anschließend bestmöglich umsetzt. Sogar viele Spiegel-Redakteure hätten einst dort angefangen. Mit diesen Argumenten ließ ich mich schnell und gerne beruhigen, schließlich wollte ich nicht in der Buchhaltung landen – nicht mal für sechs Monate. Dann doch lieber bei dem Schrecken meiner Kindheit und Jugend …

Wenige Tage später bekam ich dank Holger tatsächlich eine Einladung zum Vorstellungsgespräch. Die Bild-Zeitung, Redaktion Berlin-Brandenburg, hatte ihren Sitz im Springer-Hochhaus in der Berliner Kochstraße. Dort, wo 1968 die Studentenunruhen stattgefunden haben.

Ich lenkte meinen kleinen roten Seat Marbella auf den Parkplatz, der dem Verlagsgebäude direkt gegenüberlag – eine riesige Stellfläche speziell für die Mitarbeiter. Die durfte ich heute auch nutzen und gebe zu, dass es sich gut anfühlte, zu dem erlesenen Kreis zu gehören, der hier seine Autos abstellen konnte. Um mich herum entdeckte ich einige schicke Porsches mehr, als man normalerweise auf Parkplätzen sah, es gab aber auch ganz gewöhnlich-schäbige Autos, dadurch fiel meines nicht unangenehm auf. Neugierig hielt ich Ausschau, wer außer mir in Richtung Springer-Hochhaus lief: Ich erwartete junge Menschen in angesagten Klamotten, teuren Anzügen; coole Marlboro-Männer, echte Abenteurer und war ein bisschen erstaunt, wer mir tatsächlich begegnete. Ganz normale Männer und Frauen, mal sportlich-bequem, mal alternativ gekleidet, sodass ich mich in meinem figurbetonten Hosenanzug und den hohen Schuhen fast ein bisschen overdressed fühlte.

Als ich durch die Drehtür die riesige Eingangshalle betrat, ging die Aufregung richtig los: Der Bauch drückte, mein Herz klopfte, und ich fühlte mich klein und verloren. Gerade versuchte ich mich zu orientieren, da wurde ich schon von links angeblafft: «Haben Sie einen Ausweis, oder sind Sie Besucher?» An einem Tisch links der Drehtür saßen Sicherheitsleute in dunklen Uniformen. Eine Frau mit schicker Hochsteckfrisur schaute mich freundlich an, aber der Mann neben ihr wirkte genervt. «Ich möchte zu Herrn Erzbach von der Bild», erklärte ich schüchtern, woraufhin der Mann einen Besucherausweis über den Tisch schob: «Hier, ausfüllen!» Ich musste aufschreiben, zu wem ich wollte, und der Sicherheitsmann notierte die Uhrzeit dazu. Dann griff er zum Telefon und kündigte meinen Besuch an. Anschließend forderte er mich forsch auf, in einer Sitzecke auf der anderen Seite des Eingangs Platz zu nehmen, ich würde gleich abgeholt werden. Etwas neidisch beobachtete ich, wie respektvoll diejenigen begrüßt wurden, die hier offenbar jeden Tag ein und aus gingen. Es war beeindruckend.

Plötzlich sprach mich eine kleine Frau mit Igelfrisur an: «Sind Sie Kerstin Dombrowski?» «Ja.» Ich wunderte mich: Das war eindeutig nicht Herr Erzbach. Die Frau schien mir mein Erstaunen anzumerken und lachte: «Ich bin Moni Schmitz, die Sekretärin. Ich soll Sie hier unten abholen.» Sie nickte den Sicherheitsleuten zu, und gemeinsam liefen wir quer durch die große Halle an einer zweiten Sicherheitskontrolle mit zwei Anzugträgern vorbei, die uns nur streng musterten. Wahrscheinlich waren sie eine Art Notfalltruppe, die nur eingriff, wenn jemand unberechtigt die erste Kontrolle passiert hatte. Offenbar wollte man hier unbedingt verhindern, dass jemand unerlaubt ins Redaktionsgebäude eindrang – mir schauderte: War der Job hier etwa gefährlich? Mussten die Redakteure geschützt werden?

Bei den Fahrstühlen angekommen, fragte Moni: «Aufzug oder Paternoster?» Ich starrte den ständig laufenden, offenen Lift an und war mir nicht sicher, ob ich mich das trauen oder es besser zunächst allein, ohne Zeugen probieren sollte. Aber wer weiß, ob ich dazu noch häufig die Gelegenheit bekommen sollte? Zudem fand ich meine Begleiterin nett. Also: «Paternoster.»

Moni Schmitz erzählte mir, dass der Leiter der Redaktion gerade Urlaub hätte und deshalb sein Stellvertreter Martin Briese den Termin übernehmen würde. Die kleine Frau wirkte warmherzig und offen und nahm mir damit ein bisschen von meiner Aufregung. Das schien hier ja doch ganz gemütlich zu sein, dachte ich. Vor dem Chefbüro verabschiedete sie mich und wünschte mir viel Glück. Ich klopfte an. «Herein!», tönte es, ich öffnete die Tür.

Martin Briese lehnte lässig an seinem Schreibtisch und telefonierte. Er sah genau so aus, wie ich mir die Leute hier vorgestellt hatte: dynamisch, groß, attraktiv und modisch gekleidet. Er lächelte mich an, musterte mich von oben bis unten und beendete dann schnell sein Gespräch. Prompt meldete sich die ganze Aufregung samt Herzklopfen und Bauchdrücken zurück. Nach einem kurzen Händeschütteln fragte er, warum ich ein Praktikum bei der Bild machen wollte. «Also,

eigentlich geht es mir vor allem darum, überhaupt ein Praktikum zu machen. Ich brauche das für mein Studium», antwortete ich ehrlich. Martin Briese erklärte, dass ich erst mal für
vier Wochen kommen könne und wenn ich mich gut anstellen
würde, könne mein Praktikum verlängert werden. Dann wollte er noch wissen, wann ich anfangen wolle. «Februar wäre
schön», antwortete ich. Er gab mir seine Hand, lachte mich
noch einmal an und sagte: «Na, dann bis Februar!» Das war's!
Das Gespräch war beendet. Etwas verdutzt stand ich wieder
vor der Tür. Er hatte mich weder nach meinen Qualifikatio-
nen gefragt oder mir anderweitig auf den Zahn gefühlt. Einen
Vertrag hatte ich auch nicht in der Hand, ich hatte lediglich
die mündliche Zusage des stellvertretenden Redaktionsleiters,
der sich kaum fünf Minuten Zeit für mich genommen hatte.
Mir wurde bewusst, dass ich in den letzten Tagen völlig umsonst zum Kiosk gelaufen war, um mir allmorgendlich peinlich
berührt die Bild zu kaufen – hier waren offensichtlich weder
Vorbereitung noch gute Zeugnisse gefragt, Kontakte reichten
anscheinend aus.

Obwohl mir wegen der fehlenden schriftlichen Zusage
etwas mulmig zumute war, fühlte ich mich doch wie ein Rebell:
Ich war gerade 22, hatte meine Ausbildung zur Reiseverkehrskauffrau abgeschlossen und mutig den Festvertrag abgelehnt,
den mein Chef mir angeboten hatte. Stattdessen zog ich es vor,
ein vierwöchiges Praktikum bei der Bild zu machen, also in
einem Bereich, von dem ich nicht die geringste Ahnung hatte.
Wow!

Meine Bild-freundliche Verwandtschaft reagierte auf diese
Neuigkeit enttäuschend gelassen – ein bisschen mehr Staunen
und Bewunderung hatte ich mir ehrlich gesagt schon erhofft.
Meine bodenständige Mutter lachte nur. Und als ich am Abend
im Café Freunden beschwingt und stolz von meinen Plänen
erzählte, waren sie ziemlich erstaunt «Du? Bei der Bild? Über

24

die hast du doch sonst immer gelästert!» Regelrecht entsetzt dagegen war mein Freund: Als Jurastudent hatte er seine ganz eigene Auffassung von dem Gebaren der Bild. Aber ich ließ mich durch seine skeptischen Reaktionen nicht einschüchtern und erklärte ihm und allen anderen, dass ich zumindest viel lernen und dann sowieso im Herbst mein Studium beginnen würde. Inzwischen war ich sehr neugierig auf das Praktikum bei dieser großen, berüchtigten Boulevardzeitung. Na ja, als Praktikantin würde wahrscheinlich nicht allzu Schwieriges auf mich zukommen, vermutete ich. Vielleicht dürfte ich gelegentlich einen Kollegen zum Interview begleiten oder mir mit anderen Redakteuren Geschichten ausdenken. Ich hatte keine Vorstellung davon, was mich erwarten würde, und hätte niemals geglaubt, dass ich mich irgendwo einschleichen oder Unglücksopfer zu einem Gespräch überreden müsste. Es fühlte sich eher ein bisschen unwirklich an, dass ich bald hinter die Kulissen dieses Mediums würde schauen dürfen – ein bisschen wie die echte Micky Maus zu treffen oder zu einer Reise zum Mond eingeladen zu werden. Ich war aufgeregt.

An meinem ersten Praktikumstag war ich noch nervöser als beim Vorstellungstermin, aber immerhin kannte ich nun schon den Ablauf: zuerst zu den Sicherheitsleuten, Besucherschein ausfüllen, dann warten. Diesmal wollte Holger, der ehemalige Schulkamerad meiner Freundin, mich abholen. Während ich auf der schwarzen Ledercouch saß, beobachtete ich wieder die Leute, die hier rein- und rausgingen. Plötzlich stand Holger vor mir: «Entschuldige, ich habe Stress! Ein Mord im Villenviertel von Berlin. Wir müssen uns beeilen» – und zog mich mit schnellen Schritten hinter sich her. Inzwischen war ich vor Aufregung schon fast außer Atem, aber der hektische Holger verstärkte meine Nervosität noch. Im Aufzug fiel es ihm schwer stillzustehen. Unruhig drehte er einen Kugelschreiber in seiner Hand hin und her. Holger war in meinem Alter und gab sich ziemlich cool, kaugummikauend vermittelte er mir das Gefühl, schon alles gesehen und erlebt zu haben. Beim Aussteigen stoppte er mich kurz: «Du musst dich richtig anstrengen, die haben hier keine Probleme damit, Praktikanten sofort zu feuern, wenn sie nichts taugen.» Eine Information, auf die ich gerne verzichtet hätte. Prompt verschlimmerten sich mein ohnehin schon unerträgliches Herzklopfen und das Bauchdrücken massiv, als ich nach rechts in den langen, fensterlosen Redaktionsflur trat.

Die Redaktion Berlin-Brandenburg war über zwei Etagen verteilt: In der oberen saßen die Redakteure für den Westteil der Zeitung, für den auch Holger arbeitete, in der unteren die Redakteure für Ostberlin und Brandenburg, wo ich mein Praktikum absolvieren sollte. Über einen weichen Teppich, der das Klappern meiner hohen Absätze schluckte, hechelte ich Holger hinterher, bis er plötzlich vor einer offenen Tür stehen blieb, die in ein Großraumbüro führte. Er lächelte mir kurz zu: «Gleich habt ihr Konferenz, danach kannst du jemanden nach einem freien Platz fragen. Mach das aber wirklich erst NACH der Konferenz. Ich muss jetzt nach oben. Alles Gute!» Und schon war er verschwunden. Unschlüssig blieb ich auf der Schwelle stehen. Niemand nahm Notiz von mir, jeder schien in seine Arbeit vertieft.

In dem Raum waren nur vier der acht hässlich grauen Schreibtische besetzt, auf ihnen türmten sich Berge von alten Zeitungen, hinter denen Bild-Mitarbeiter konzentriert auf ihrer Computertastatur herumhackten, während andere fieberhaft in Lokalzeitungen blätterten, Artikel lasen oder Anzeigen studierten. Die anderen vier Arbeitsplätze wirkten leer und verwaist. Gab es hier etwa nur so wenige Redakteure? Doch als ich einen Schritt weiter in den Raum trat, entdeckte ich linkerhand eine offen stehende Tür zu einem kleineren Büro, in dem den Geräuschen nach zu urteilen ebenfalls gearbeitet wurde.

Man hörte das Rascheln von Zeitungen und das Klackern der Tastaturen. Anspannung lag in der Luft. Etwa wegen der Konferenz, von der Holger gesprochen hatte?

In diesem Moment brüllte auch schon jemand über den Gang: «Konfere-enz!» Sofort kam Bewegung in den Raum. Alle Redakteure schlugen schlagartig ihre Zeitungen zu, schnappten sich ihre Aufzeichnungen und schoben ihren Bürostuhl vor sich her in Richtung Konferenzraum. Noch immer völlig unbeachtet, schlich ich eingeschüchtert und stuhllos der Meute hinterher. Aus den anderen Büros gesellten sich weitere Redakteure hinzu, insgesamt waren es nun acht. Es wurde ziemlich eng im Konferenzzimmer, das eigentlich das Büro der Chefs war, derselbe Raum, in dem ich mich vor wenigen Wochen vorgestellt hatte; hinter einfachen Schreibtischen saßen der Redaktionsleiter und sein Stellvertreter Martin, den ich bereits kannte.

Die Beklommenheit der Redakteure war fast mit den Fingern zu greifen, und mir wurde plötzlich bewusst: Jetzt war ich tatsächlich bei der Bild-Zeitung. Hier entstanden die Geschichten, die mein Vater im Urlaub las und die meine Oma zu merkwürdigen Überzeugungen veranlassten; Geschichten, die täglich von Millionen Menschen gelesen wurden. Es erschien mir fast unwirklich.

Einige der Redakteure versuchten überlaut, Scherze zu machen, um die Atmosphäre etwas aufzulockern, andere schauten verunsichert zu den Chefs, so als könnten sie anhand ihrer Gesichter die aktuelle Stimmungslage einschätzen. Artig nahmen alle auf ihren mitgebrachten Stühlen Platz; nur ein großer Mann mit blonden Locken und ich lehnten uns mangels Sitzgelegenheiten gegen die Wand.

Martin nickte mir zu und stellte mich mit wenigen Worten vor; mein großer Moment, der mir schon den ganzen Morgen Bauchgrummeln bereitet hatte, war hier nur eine Nebensache.

«So, dann kommen wir zur Blattkritik. Hat irgendjemand was zu sagen, oder sollen wir beginnen?»

Die zwei Chefs guckten erwartungsvoll in die Runde, aber keiner reagierte. Mit der Bild-Zeitung auf dem Schoß verfolgten alle acht Redakteure gebannt jede Regung ihrer Vorgesetzten.

Herr Erzbach, der Redaktionsleiter, verzog keine Miene. Er war ein steifer Typ, der mich in seinem farblosen Anzug ein bisschen an einen strengen Schulleiter aus einem 60er-Jahre-Film erinnerte. Sein schwarz-graues Haar war zurückgekämmt. Hinter seinem auffälligen Brillengestell blitzten wache, lebhafte Augen hervor, die so gar nicht zu seinem sonst eher blassen Erscheinungsbild passen wollten. Selbst bei einem freundlichen Lächeln wirkte er kalt. Er schien der Einzige zu sein, der von allen gesiezt wurde.

Sein Stellvertreter Martin, rechts neben ihm, war mit seinen modischen Markenjeans und seinem teuren Poloshirt das genaue Gegenteil des Redaktionsleiters. Lässig zurückgelehnt saß er hinter seinem Schreibtisch, kaute an einem Stift und nörgelte, wenn ihm etwas nicht passte.

Was nun folgte, vermittelte mir schon am ersten Tag einen ungefähren Eindruck davon, wie das «System» Bild funktionierte: mit Zuckerbrot und Peitsche.

Wer am Vortag eine gute Geschichte geschrieben hatte, wurde hoch gelobt und wie ein Held gefeiert. Die Chefs scherzten und lachten und vermittelten den erfolgreichen Reportern das Gefühl, sie seien preisverdächtige Super-Journalisten. Aber wehe, eine konkurrierende Zeitung hatte mehr Details zu einem Mord, gar das Foto des Täters, ein Interview mit dem Opfer oder dessen Angehörigen, das die Bild nicht hatte: Dann wurden die Reporter behandelt wie. Vollidioten. Nicht, dass die Chefs laut oder ausfällig wurden, sie zeigten vielmehr, wie grenzenlos enttäuscht sie waren: mit tiefen Seufzern, genervtem Augenrollen und resigniertem Kopfschütteln gaben sie den unglücklichen Schreibern das Gefühl, für die Zeitung kaum tragbar zu sein. Die anderen Redakteure schauten betreten zu Boden; manchen stand aber auch die Erleichterung ins Gesicht geschrieben, nicht selbst auf der Anklagebank zu sitzen. Nur selten versuchte jemand, vorsichtig Partei für den Kollegen zu ergreifen.

Schon in der Zuschauerrolle fühlte ich mich unwohl und war froh, nicht selbst als Redaktionsversager am Pranger zu stehen. Und genau genommen ging ich sogar fest davon aus, dass mir das als ahnungsloser Praktikant komplett erspart bleiben würde.

Weit gefehlt. Schneller als erwartet kam ich ebenfalls in den «Genuss» solcher vernichtenden Kritiken. Nur allzu gut kann ich mich daran erinnern, wie sehr ich mich jedes Mal geschämt habe, wie klitzeklein ich mich fühlte und wie dankbar ich nach der Konferenz war, nicht gefeuert worden zu sein. So erhielt ich wenigstens die Chance, zu zeigen, dass ich es besser konnte, und suchte noch fieberhafter als sonst nach originellen Themen, wodurch es mir gelegentlich gelang, mit zwei oder drei Vorschlägen in der Konferenz zu beeindrucken. Schließlich wollte ich unbedingt vor der versammelten Redaktionsmannschaft gelobt und bejubelt werden. Das System von Zuckerbrot und Peitsche funktionierte bestens.

Einmal stellten uns die Chefs eine besonders fiese Idee vor: Sie wollten in unserem kahlen weißen Flur eine «Wall of Fame» mit besonders gelungenen Bild-Artikeln und äquivalent dazu eine «Wall of Shame» mit eher langweiligen Geschichten einrichten. Zum Glück kam ihnen die Idee erst, als ich mich innerlich schon von der Bild verabschiedet hatte. Deshalb konnte ich es mit Fassung tragen, dass die Chefs meinten, ich hätte die Schande-Wand für mich allein – so wie ich arbeitete.

Aber an meinem ersten Tag war ich von solcherlei Erlebnissen natürlich meilenweit entfernt. Und so verfolgte ich nur gespannt, wie belanglos die Chefs offenbar die heutige Zeitungsausgabe fanden und wie sehr sie hofften, dass für die morgige Ausgabe bessere Themenvorschläge kämen. In diesem Moment passierte etwas Spannendes: Aus den kleinlauten Redakteuren wurden strahlende Verkäufer. Mit siegessicheren Mienen und blumigen Worten boten die Redakteure ihre Geschichten an, die es unbedingt verdient hätten, in der nächsten Zeitungsausgabe zu stehen. Es ging um totgeprügelte Rentner, die tiefsten Garagen der Stadt, spannende Entdeckungen bei Ausgrabungen im Brandenburger Umland oder über Menschen, die früher arm und jetzt reich waren. Einer, der heute sieben Hotels besaß, wurde von der Redakteurin zum «König von Königs Wusterhausen» ernannt. Die Themenpalette war außerordentlich breit. Alles, was irgendwie einen Superlativ beinhaltete, hatte Chancen, ins Blatt zu kommen: der Brutalste, der Höchste, der Schnellste, der Reichste … Und obwohl sich die Redakteure richtig ins Zeug legten und ich als Nicht-Bild-Leserin über viele ihrer Vorschläge staunte, wurden die meisten Ideen mit einem gequälten «Näää!» abgebügelt. Unangenehm berührt, betrachtete ich dieses Schauspiel zwischen gelangweilt wirkenden Chefs und übermotivierten Redakteuren. Manchmal wurde immerhin noch einmal genauer nachgehakt, bevor die Geschichte «versenkt» wurde. Ganz selten gab es ein zustimmendes Nicken. Begeisterung wurde nie gezeigt.

Gerade jetzt konnte ich mir überhaupt nicht vorstellen, selbst einmal Zeitungsredakteurin zu werden. Ich hoffte lediglich, die sechs Monate Praktikum zu überstehen, damit ich mein Studium aufnehmen konnte. Während sich die Redakteure gegenseitig mit ihren Ideen zu übertrumpfen versuchten, hatte ich Zeit, sie mir etwas genauer anzuschauen: Die meisten waren jung, nur wenig älter als ich selbst. Ganz am Rand saß ein aalglatter Typ mit Sakko, Hemd und Einstecktuch – genau so hatte ich mir Boulevardjournalisten immer vorgestellt. Roger wirkte arrogant und sprach, als hätte er eine Gehirnwäsche hinter sich. Tenor aller seiner Aussagen: Wir schaffen alles, wir dürfen alles, und alle anderen sind kleine Wichte. Dabei lachte er gekünstelt und strich permanent sein halblanges Haar glatt.

Direkt neben ihm saß eine Frau, um die 30 Jahre alt. Sie machte auf mich einen liebenswerten Eindruck und war mir auf Anhieb sympathisch. Manuela war groß, schlank und hatte dunkle, lockige Haare. Im Moment wirkte sie etwas gestresst, fast ängstlich und verhielt sich den Chefs gegenüber beinahe unterwürfig. Ihre Sitznachbarin war offenbar die Redaktions-Intellektuelle, eine Frau Doktor. Luise blieb als Einzige einigermaßen gelassen und souverän im Umgang mit den Chefs, guckte ihnen fest in die Augen und leistete sogar Widerstand, wenn sie sich ungerecht behandelt fühlte. Hinter allen stand der blonde Lockenkopf Ronny. Er hatte schon während der Blattkritik ständig seinen Senf dazugegeben, wenn ein Kollege einen Anpfiff wegen einer missglückten Geschichte bekommen hatte. Auch jetzt wusste er alles besser und machte lächelnd die Themenvorschläge seiner Kollegen schlecht: «Kenn ich. Ist alt. Habe ich schon mal woanders gelesen.» Die grimmigen Blicke seiner Kollegen schienen ihn dabei überhaupt nicht zu stören, sondern eher anzuheizen.

Nur bei den zwei Polizeireportern hielt Ronny sich mit seinen Bemerkungen zurück, ihre Geschichten konnte er nicht mit «kenn ich schon» abwerten. Die Polizeireporter waren für alle menschlichen Katastrophen zuständig, die sich in Brandenburg abgespielt haben: Morde, Körperverletzungen, Einbrüche, Überfälle und schlimme Unfälle. Christoph und Patrick mussten zu den Orten der traurigsten Geschehen fahren, Opfer- und Täterfotos besorgen und Angehörige interviewen. Ihre Informationen bekamen sie von den Polizeipressestellen, mit denen sie offenbar die allerbesten Kontakte unterhielten;

zumindest zitierten sie die Polizeisprecher gerne mit Spitznamen: «Der Wolle aus Frankfurt Oder sagt … Die Mimo aus Pinneberg meint …» Wahrscheinlich wollten sie demonstrieren, wie «dicke» sie mit ihren Informanten waren. Dabei sahen beide so harmlos aus, wie man es sich nur vorstellen konnte: Christoph trug eine Nickelbrille und wäre mit seinen verwaschenen Jeans und ausgelatschten Turnschuhen problemlos als Sozialwissenschaftsstudent durchgegangen, und der rothaarige, sommersprossige Patrick wirkte so lustig und freundlich wie ein Kinder-Animateur im Freizeitpark. Die anderen zwei Redakteurinnen entpuppten sich als Praktikantinnen, die allerdings schon zwei Wochen vor mir angefangen hatten. Beide waren ungefähr in meinem Alter. Die eine war groß und schlaksig, trug einen vermutlich vor langer Zeit selbst gestrickten Pullover sowie Birkenstock-Schuhe und wirkte zurückhaltend und sehr gebildet. Ich fragte mich, was Alexandra zur Bild verschlagen hatte. Mit ihrer gesamten Erscheinung wirkte sie wie ein Fremdkörper in der Runde – vor allem neben der anderen Praktikantin, Britta, die ihrem Styling nach mindestens eine Stunde länger im Bad gebraucht haben musste als ich. Ihre sensationell hohen Absätze rangen mir Respekt ab, immerhin hatte sie noch einen ganzen Redaktionstag mit viel Lauferei vor sich. Ihre armen Füße!

Auch meine beiden Mitpraktikantinnen schlugen ganz selbstverständlich Themen vor, was mich zutiefst beunruhigte. Das kam dann wohl auch auf mich zu. Auweia! Wo sollte ich bloß solche Vorschläge hernehmen? Gänzlich ohne Ideen hier aufzutauchen wagte offenbar niemand, und ich wollte lieber nicht die Erste sein, die damit anfing. Wahrscheinlich wäre das eine größere Katastrophe als eine schlechte Geschichte im Blatt. Von nun an konnte ich dem weiteren Verlauf der Konferenz kaum mehr folgen, dachte fiebrig über mögliche Themen nach und verpasste dabei das Ende der Konferenz.

Plötzlich standen alle auf, die meisten wirkten beinahe erleichtert, diesen Teil der Arbeit hinter sich gebracht zu haben, und alberten beim Verlassen des Büros übermütig miteinander herum.

Noch immer kümmerte sich niemand um mich. Im Rausgehen hörte ich, wie die Chefs berieten, in welcher Länge und auf welcher Seite sie die jeweiligen Artikel platzieren sollten, und mir fiel auf, dass sie selbst in der Konferenz keine Themen vorgeschlagen hatten. Aber vielleicht mussten sie das auch nicht, zumindest nicht jeden Tag.

Ich drückte mich gerade etwas orientierungslos im Flur herum, als plötzlich Moni Schmitz aus der Tür direkt neben dem Chefbüro kam, offenbar das Sekretariat: «Mausi, was stehst du denn hier rum? Weißt du nicht, wo du sitzen sollst? Komm mal mit!» Es war wirklich schön, die beinahe mütterliche Moni wiederzutreffen; mit ihr hatte ich meine erste wirkliche Ansprechpartnerin. Sie führte mich in das Großraumbüro und zeigte mir einen freien Schreibtisch genau gegenüber von Roger, dem geschniegelten Bilderbuch-Boulevardjournalisten, der gerade Fotos sortierte: «So Mausi, hier kannst du sitzen.» Mein neuer Sitznachbar lachte mich frech an: «So, du bist also Mausi.» Und ich lachte zurück; ich fand es nett, dass die Sekretärin mich Mausi nannte. Im Weggehen sagte Moni noch, dass ich jederzeit kommen könne, wenn ich Probleme hätte, und dann war ich mit Roger allein im Raum. «Wo sind denn die anderen?», wunderte ich mich und bekam zur Antwort, dass sie sich gerade in der Kantine Frühstück holen würden.

Wider Erwarten war Roger überhaupt nicht arrogant, sondern witzig und aufgeschlossen. Auch er hatte gerade erst bei der Bild angefangen und war sehr stolz auf seinen neuen Arbeitgeber. Für ihn war es die Erfüllung eines Traumes, für die größte deutsche Boulevardzeitung zu schreiben, dafür war er sogar von Bayern nach Berlin gezogen. Ich wunderte mich:

«Echt? Für die Bild?» Und er wiederholte das, was meine Freundin Claudia schon behauptet hatte: Bild sei eine der einflussreichsten Zeitungen in Deutschland – jeder Politiker und jeder Professor würde sie lesen. Wer hier längere Zeit gearbeitet hätte, würde anschließend überall einen Job finden, weil man davon ausgehen könnte, dass ein Bild-Redakteur wüsste, was eine Geschichte ist, wie man sie schnell recherchiert und gut schreibt.

Vielleicht war ja etwas dran an dieser These? Dann wäre es doch nicht so schlecht, hier gelandet zu sein, dachte ich, als Roger plötzlich zwei Bilder von einer dunkelhäutigen Schönheit in die Luft hielt: «Wie findest du die?» «Hübsch!», sagte ich. Roger strahlte. Er erzählte mir, dass er auf dicke Hintern stehen und oft Mädchen auf der Straße fragen würde, ob er sie einmal ausführlich fotografieren dürfte. Eine, wie ich später feststellte, in Medienkreisen durchaus gängige Masche, um Frauen kennenzulernen. Ich wundere mich bis heute darüber, wie gut die offenbar zieht. Sofern man den Erzählungen der Fotografen Glauben schenken kann …

Im Büro nebenan kamen die Polizeireporter aus ihrer Frühstückspause zurück. Einer hängte sich sofort ans Telefon, um herauszufinden, wo die junge Frau gewohnt hatte, die in der vergangenen Nacht tot aus einem Brandenburger See gezogen wurde. Ich lauschte gespannt. Und tatsächlich: Der Reporter schien von der Polizeipressestelle alle nötigen Informationen zu bekommen. Und der Datenschutz? Der freundliche Herr von der Polizei verriet nicht nur die Straße, in der die Tote gewohnt hatte, sondern auch die ungefähre Hausnummer: zwischen sieben und neun, wie Christoph später lachend erzählte. Nur ihr Name wurde nicht verraten. Aber bei der Fülle anderer Informationen dürfte es ja kein Problem mehr sein, den herauszufinden. Christoph bedankte sich für die Unterstützung und versprach, den Pressesprecher in sein Abendgebet einzuschließen. Anschließend rief er in der Fotoredaktion an und beauftragte einen Fotografen, nach Brandenburg zu fahren, um Bilder der Toten zu besorgen, betroffene Angehörige zu fotografieren und zu interviewen. Danach kam der erfolgreiche Polizeireporter mit einem Käsebrötchen in der Hand zu uns ins Großraumbüro. Hier hatten sich inzwischen auch die anderen beiden Praktikantinnen und der gelockte Ronny eingefunden. Christoph setzte sich direkt auf Rogers Schreibtisch. «Na, hast du ein neues Opfer gefunden?», fragte er und blickte vielsagend in meine Richtung. Roger lachte: «Ich arbeite dran!» Dann wandte sich Christoph zu mir und sagte: «Vor dem musst du dich in Acht nehmen, das ist ein schlimmer Finger!» Roger wollte das wohl nicht auf sich sitzen lassen und schlug zurück: «Und du, fauler Hund, drückst du dich wieder vor der Arbeit?» Christoph zuckte die Schultern: «Lohnt sich nicht!» Warum nicht, wollte ich wissen, und der Reporter erklärte, dass er nur bei größeren Geschichten selbst rausfahren würde, nicht bei solch einfachen Nummern, bei denen lediglich noch die Fotos «abzugreifen» wären. Alles andere hatte er schließlich schon herausgefunden dank der freundlichen Pressestelle. Mit «größeren» Geschichten meinte er solche, die Chancen hatten, bundesweit und nicht nur in der Regionalausgabe zu laufen. Außerdem, versicherte er, waren viele Fotografen geschickt und geübt in solchen «Crime-Nummern». Und sie waren ehrgeizig: Schließlich bekamen sie für jedes Bild, das von ihnen gedruckt wurde, Honorar.

Patrick, der zweite Polizeireporter der Ost-Redaktion, gesellte sich zu uns. Während die drei Männer über uninteressante Dinge plauderten, sah ich aus dem Fenster. Die Sonne schien. Es war zwar kalt, aber trotzdem ein schöner Tag. Unten auf dem Parkplatz konnte ich meinen kleinen roten Flitzer erkennen und erinnerte mich, wie aufgeregt ich noch vor wenigen Stunden hierhergefahren war. Jetzt hatte ich schon einen eigenen Schreibtisch und fühlte mich eigentlich ganz wohl. Die Kollegen schienen nett zu sein. Ich beobachtete die Praktikantinnen, die am anderen Ende des Raumes bereits emsig schrieben. Als Alexandra einmal hochschaute, nickte und lächelte sie mir zu. Nur Britta ignorierte mich, so gut es ging, und dabei blieb sie auch. Beide saßen bei Ronny, der laut telefonierte und dabei seine Füße auf den Tisch gelegt hatte.

Dann fiel mir wieder das Themendrama ein, und ich nahm mir vor, sofort mit der Suche zu beginnen. Was war ein Thema für die Bild? Als die zwei Polizeireporter sich von unserem Tisch verabschiedet hatten, traute ich mich, Roger danach zu fragen. Könnte ich nicht mal was über die neuen Beachvolleyballplätze machen? Oder über Sextouristen (die ich während meiner Reisebüroausbildung zur Genüge getroffen habe)? Oder über Spielsüchtige (auch aus dem Reisebüro)? Aber Roger schüttelte den Kopf. So ginge das nicht. Ich müsste konkretere Geschichten vor Augen haben: einen Spielsüchtigen, der seine Luxusvilla verkaufen muss, einen Sextouristen, von dem sich gerade die Frau scheiden lässt, oder eine Beachvolleyballerin, die sich die Brüste verkleinern lässt, um besser springen zu können. Etwas in dieser Art. Das machte es natürlich schwieriger, wenn nicht völlig unmöglich: Ich hatte an eine allgemeinere Umsetzung gedacht und nicht daran, meine alten Kunden zu fragen, ob sie mit mir über die Folgen ihrer Sexurlaube oder ihrer Spielsucht sprechen und sich obendrein noch für die Bild fotografieren lassen würden. Und wie sollte ich auf eine Volleyballerin mit OP-Ambitionen stoßen? Ich hatte das Gefühl, niemals ein geeignetes Bild-Thema zu finden. «Am besten suchst du erst mal hier», schlug mein Tischnachbar vor und schob mir einen Stapel alter Lokalzeitungen auf den Tisch. «Lies mal die Annoncen, meistens findet sich da etwas Brauchbares.» Roger hörte sich den ganzen Tag lang geduldig jede meiner Ideen an. Ausdauernd und stundenlang suchte ich nach einem geeigneten Thema – erfolglos. Mein Kollege fand immer Argumente gegen meine Vorschläge. Die Themensuche gestaltete sich wirklich, auch wenn man sich das wahrscheinlich nicht vorstellen kann, als sehr schwierig. Man musste eine Geschichte finden, die im Idealfall noch nicht bei der Konkurrenz veröffentlicht worden war. Oftmals wurden aus kleinen Artikeln in Lokalzeitungen große Bild-Geschichten, weil die Redakteure eine andere «Anpacke» gefunden hatten. Auch Todesanzeigen waren häufig ergiebig, wenn es um besonders traurige Familienschicksale ging. Und manchmal gab es auch eigenartige Zeitungsinserate – sogar im Stellenmarkt –, aus denen sich eine Geschichte machen ließ: Einmal entdeckte ich dort «Biete 500 Mark für Lehrstelle», was wir zum Anlass nahmen, anhand von Florians verzweifelter Ausbildungsplatzsuche über das Schulabgänger-Dilemma zu berichten. In einer anderen Jobannonce wurde ausschließlich nach «Widdern» gesucht, weil der Firmeninhaber dieses Sternzeichen für besonders durchsetzungsstark hielt. Doch ein Gespür für die tauglichen Themen entwickelte ich erst im Laufe der Zeit, in den ersten Tagen meines Praktikums fand ich nichts, was den Chefs interessant erschien. Aber glücklicherweise erwarteten sie von mir als absolutem Journalismus-Neuling auch nicht viel, ich fühlte mich zunächst wie Büro-Deko.

Übrigens gelang es auch den erfahrensten und kreativsten Köpfen nicht, jeden Tag ein wirklich gutes Thema vorschlagen zu können, und so wurden die Redakteure manchmal erfinderisch, um dem morgendlichen Anpfiff in der Konferenz zu entgehen. In dieses «Hast du keins – erfinde eins»-Geheimnis wurde ich bereits am vierten Tag meines Praktikums eingeweiht. Und zwar sehr anschaulich.

An diesem Morgen hatte mein Kollege Roger einen Artikel über eine Frau vorgeschlagen, der ein Friseur mit einer Dauerwelle extrem die Haare versaut hatte. Mit Haarausfall und allem Drum und Dran. Sehr dramatisch. Die Frau tat mir leid. Den Chefs gefiel die Geschichte, und sie fanden sie simpel genug, dass sie auch ein Praktikant schreiben konnte. Da die anderen beiden schon beschäftigt waren, bekam ich den Auftrag. Meine erste Geschichte! Ich war begeistert und platzte fast vor Vorfreude. Zusammen mit einem Fotografen sollte ich rausfahren, die Frau interviewen und anschließend die Geschichte schreiben, die am nächsten Tag alle in der Zeitung lesen konnten: meine Eltern, meine Freunde, mein alter Chef im Reisebüro. Wie großartig! Doch die Sache hatte einen Haken: Kaum war die Konferenz zu Ende, kam Roger auf mich zu und schnitt eine merkwürdige Grimasse. Etwas zerknirscht beichtete er, dass es diese Frau gar nicht gäbe. Als ich ihn daraufhin entsetzt anstarrte, drückte er mich an sich und meinte, wie würden im Archiv sicher einen solchen Fall finden. Ich war sprachlos und ängstlich bis panisch. Roger dagegen blieb vollkommen gelassen, rief im Archiv an, in dem seit ewigen Zeiten sämtliche Zeitungen des Springer-Verlages aufgehoben wurden, und ließ sich alle Artikel über «Friseurpfusch» raussuchen. Es dauerte eine Stunde, bis ein Bote endlich die bestellten Artikel brachte. Mir war schon ganz schlecht. Meine erste Geschichte entpuppte sich als Desaster! Roger dagegen wirkte routiniert. Ausgerechnet in einer Ausgabe der direkten Boulevardzeitungs-Konkurrenz fand er, was er suchte: ein Dauerwellenopfer, Angelika K. Allerdings lag ihr Friseurtermin schon etwas länger zurück, genauer: zehn Jahre! «Das meinst du doch nicht ernst!», sagte ich, als er mir triumphierend den Zeitungsausschnitt zeigte. «Na klar, was sollen wir denn sonst machen?», lachte er und rief in der Fotoredaktion an, um einen Fotografen zu bestellen. Inzwischen suchte ich im Telefonbuch nach der Adresse der Frau, die natürlich inzwischen verstorben sein könnte oder neu verheiratet und mit neuem Nachnamen unauffindbar, aber wir hatten Glück. Ich fand Angelika K., sie wohnte offenbar gar nicht weit vom Verlagshaus entfernt. Erst nachdem diese Hürde genommen war, fiel mir ein, dass ich diese Frau nun überreden musste, sich noch einmal fotografieren zu lassen und diese alte Geschichte zu erzählen. Ich konnte mir kaum vorstellen, dass sie sich zu so etwas anstiften lassen würde. Aber auch der Fotograf, der mir zugeteilt wurde, verstand meine Bedenken nicht, sodass ich mich schon fragte, ob ich komplett falsche Moralvorstellungen hatte. Also, Augen zu und durch. Wir fuhren zu dem Haus, in dem Frau K. wohnte, ein altes Mehrfamilienhaus mit einem schlammbraunen Putz. Niemand öffnete die Tür. Ich war beinahe erleichtert, doch der Fotograf schlug vor, noch ein Weilchen zu warten – und dann kam sie tatsächlich um die Ecke: eine schmale Frau mit struppig-gelockten Haaren, die noch fast genau so aussah wie auf dem Archivfoto. «Sind Sie Frau K.?», fragte ich vorsichtig, was sie prompt bestätigte. Beim Erklären unseres Vorhabens drtuckste ich herum und schämte mich zutiefst. Was mich beruhigte, aber gleichzeitig erschreckte, war die Tatsache, dass sie genauso große Hemmungen hatte wie ich, eine Geschichte, die zehn Jahre her war, noch einmal aufzukochen. So wurde ich zwar bestätigt, dass ich mit meinen Zweifeln nicht völlig danebenlag – andererseits brauchte ich aber die Geschichte! Deshalb erklärte ich, dass es egal wäre, wie lange der Vorfall her war, Hauptsache, er hatte überhaupt stattgefunden. Das, aber wohl vor allem eine kleine monetäre «Aufwandsentschädigung» brachte sie dann doch dazu, sich für das Foto in die Haare zu greifen und ihre Geschichte zu erzählen.

Auf dem Weg zurück zum Verlagsgebäude war ich in Hochstimmung. Ich kann mich noch genau an das Gefühl erinnern, als ich auf der Kochstraße in Richtung Springer-Hochhaus fuhr. Ich hatte es tatsächlich geschafft, nun würde mir auch alles andere gelingen, glaubte ich. Zwar entsprach meine erste Geschichte nicht ganz der Wahrheit, aber das war mir vorerst egal. Vielleicht hatte mein Kollege recht mit seiner Einschätzung, dass eine solche Geschichte jeden Tag irgendwo in Deutschland passierte und diese Frau sie immerhin wirklich erlebt hatte. Welche Rolle spielte es da, wie lange dieser Vorfall zurücklag? Das machte die Geschichte doch nicht verkehrt. Und die Frau hat ja schließlich auch mitgemacht. War es für den Leser wichtig, dass Angelika K. nicht erst gestern beim Friseur war? Ich entschied mich dafür, diese kleine Schummelei nicht schlimm zu finden, und setzte mich mit Feuereifer an den Text. Roger erklärte mir, wie man Bild-mäßig schrieb: Man musste einen spannenden Einstieg in die Geschichte finden, die Sätze sollten kurz sein, und in jedem sollte eine Information stecken. Wir begannen: «Der Albtraum jeder Frau. Es sollte eine modische Kurzhaardauerwelle werden. Stattdessen bekam Angelika K. (43) eine Frisur, die eher an einen begossenen Pudel erinnerte …»

Nach etwa einer halben Stunde waren wir fertig. Ich hatte nun zum ersten Mal erlebt, wie ein Zeitungsartikel entstand, und gelernt, dass man offensichtlich auch mal schummeln durfte. Niemand bemerkte den Schwindel. Stattdessen setzten die Chefs mit ihrer Schlagzeile sogar noch eins drauf: «Locken bestellt – Glatze bekommen. Immer mehr Berliner verklagen Friseur.» Dabei hatte die Frau gar keine Glatze, was natürlich auch auf dem Foto erkennbar war, und dass immer mehr Berliner ihren Friseur verklagen würden, hatte ebenfalls niemand behauptet. Deshalb kam ich zu dem Schluss, dass die Chefs es mit der Wahrheit wohl auch nicht so genau nahmen.

Gutgelaunt verabschiedete ich mich an diesem Abend aus der Redaktion und konnte es kaum erwarten, meinem Freund von dieser Sensation zu berichten. Allerdings hielt sich seine Begeisterung in Grenzen. Ihm war meine doch recht unkritische Freude über die Schreiberei und die lustigen Kollegen suspekt. Er konnte nicht verstehen, was ich daran schön finden konnte, über eine Frau zu schreiben, die vor einem Jahrzehnt mal Pech mit ihrem Friseur hatte. Immerhin meine Mutter, die ich daraufhin anrief, freute sich mit mir. Sie lachte und fragte, ob die Chefs von diesen Mauscheleien wüssten. «Keine Ahnung», gab ich zurück, «ich vermute, sie ahnen es, wollen es aber lieber nicht genau wissen. Denn sonst müssten sie womöglich etwas dagegen tun und würden sich damit ihre eigenen Geschichten kaputt machen.»

Als ich an diesem Abend schlafen ging, dachte ich zum ersten Mal daran, dass es eigentlich schön wäre, Journalistin zu werden.

Die erste Namenszeile ist ein Großereignis für jeden jungen Redakteur. Ich war unglaublich stolz: Meine Friseur-Geschichte stand in der Zeitung – mit meinem Namen darüber. Ich hatte mir in der Redaktion sofort mehrere Bild-Ausgaben beiseite gelegt, damit ich sie am Abend an Freunde und Familie verteilen konnte. Sogar mein Freund hatte schon ganz früh im Büro angerufen, um mir mitzuteilen, dass er gerade die erste Bild seines Lebens gekauft hatte. Ein bisschen freute er sich wohl doch für mich.

An diesem Morgen ging es mir so gut, dass mich nicht einmal die Konferenz erschrecken konnte. Fast jeder meiner Kollegen gratulierte mir zu meinem Artikel, wahrscheinlich konnten sie sich selbst gut daran erinnern, wie es war, als sie zum ersten Mal namentlich genannt wurden. Die Einzigen, die nichts dazu sagten, waren der gelockte Ronny und Praktikantin Britta. Bei ihr hatte ich sogar den Eindruck, dass sie sich darüber ärgerte. Als Journalistenschülerin fühlte sie sich mir haushoch überlegen, und wenn sie überhaupt mal mit mir sprach, betonte sie permanent ihre vorhandene und meine mangelnde Erfahrung. Damit rechtfertigte sie vielleicht auch ihr Bestreben, mir regelmäßig sämtliche Miniaufträge wegzunehmen. In jeder Bild-Ausgabe gab es auf Seite 3 das «Gumo», das «Guten Morgen, Berlin» mit netten Anekdoten aus der Stadt sowie die «Bezis», die Bezirksnachrichten mit Veranstaltungstipps für den Tag. Für beides waren die Praktikanten zuständig, und wir legten uns sehr ins Zeug, diese Kurzmeldungen besonders originell und witzig zu schreiben. Jeden Morgen lauerten alle darauf, dass die Chefs ihren Tagesplan ins Netz stellten, auf dem stand, wer für welche Aufgabe eingeteilt war und wie viele

Zeilen der Artikel umfassen sollte. Natürlich freute ich mich jedes Mal enorm, wenn mein Name hinter dem «Gumo» oder den «Bezis» stand. Dementsprechend groß war die Enttäuschung, wenn Britta sie dann «versehentlich» schon geschrieben und an die Chefs geschickt hatte. Das war sogar doppelt ärgerlich, denn zum einen freute man sich ohnehin über jede Zeile, die man schreiben durfte, zum anderen gab es Geld dafür. Ein Artikel mit Namensnennung hingegen, so wie jetzt die Friseur-Geschichte, war eine ganz andere Liga. Heute hatte ich den permanent schwelenden Zweikampf mit Britta eindeutig gewonnen.

Seit diesem Erfolg hatte ich das Gefühl, dazuzugehören: Ich war eine echte Bild-Reporterin. Mein Hochgefühl hielt sogar bis zum nächsten Tag, dem 7. Februar 1996. Ich hatte mich wieder nett herausgeputzt: mit kurzem Röckchen, engem Pullover und einem ordentlich nach innen geföhnten Pagenkopf. An einer roten Ampel malte ich gerade meine Lippen brombeerfarben an, als im Autoradio die Nachrichten liefen: Eine Birgenair-Maschine war unmittelbar nach ihrem Start in der Dominikanischen Republik mit 189 Urlaubern an Bord abgestürzt. Wahrscheinlich waren alle Passagiere tot. Ich fühlte mich zwar als neue Bild-Superreporterin, war aber vollkommen blauäugig und naiv. Darauf, dass mich diese Nachricht irgendwie betreffen könnte, kam ich nicht. Schließlich war das Unglück weit weg, und ich fühlte mich nur für das Brandenburger Umland verantwortlich.

Deshalb war ich erstaunt, welches Durcheinander an diesem Tag in der Redaktion herrschte. Die Tür zum Chefbüro stand offen, aber es war niemand darin zu sehen. Dafür war im Großraumbüro umso mehr los: Jeder hing am Telefon. Sogar Holger, der eigentlich eine Etage über uns sein Büro hatte, saß an dem Rechner, an dem wir immer Adressen und Namen recherchierten. Im Polizeibüro nebenan standen die Chefs und berieten sich mit den Reportern. Den Gesprächsfetzen konnte ich entnehmen, dass alle über das Flugzeugunglück sprachen.

Die abgestürzte Maschine hätte am Mittag in Berlin-Schönefeld landen sollen. 52 Passagiere stammten aus Berlin und Brandenburg. Und für die waren wir zuständig. Martin Briese teilte die Leute auf: Die meisten der erfahrenen Redakteure aus der Ost- und West-Redaktion schickte er mit Fotografen zum Flughafen, um diejenigen abzufangen, die ihre Angehörigen abholen wollten. Polizeireporter Christoph sollte alles vom Büro aus koordinieren und ich ihm zuarbeiten. Christoph setzte mich an den Recherche-Computer, um alle Beteiligten abzutelefonieren: Airline, Veranstalter, Auswärtiges Amt, Polizeipressestellen, die beteiligten Flughäfen ... Noch fühlte sich das alles nach einem großen Abenteuer an, wie Detektivspielen: Per Telefon sollte ich herausfinden, wer in dem Unglücksflieger gesessen hatte. Ich war dermaßen im Jagdfieber, dass mir gar nicht bewusst wurde, wem ich da gerade hinterhertelefonierte: toten Menschen, Familien, die gerade gemeinsam ihren Urlaub verbracht hatten und nun Angehörige hinterließen, für die eine Welt zusammenbrach.

Mit meinen mäßigen Spanischkenntnissen rief ich sämtliche Hotels in der Dominikanischen Republik an. Ich erklärte, dass ich Journalistin sei und gerne wissen würde, ob Urlauber aus ihrem Hotel in dem abgestürzten Flugzeug gesessen hatten. Einige nannten mir tatsächlich Namen von Deutschen, die an diesem Tag abgereist waren, manche sogar mit Anschrift. In unserem Adress-Computer suchte ich dann die entsprechenden Telefonnummern raus und nahm es als «gutes» Zeichen, nämlich dass es sich um einen der verunglückten Urlauber handelte, wenn niemand an den Apparat ging. Anschließend telefonierte ich die Nachbarn ab, in der Hoffnung, dass sie meinen Verdacht bestätigten, und staunte, wie gut die meisten

informiert waren – ich hätte nicht gewusst, wo meine Nachbarn ihren Urlaub verbrachten.

Plötzlich kam ein Kollege ins Zimmer gerannt und winkte
hektisch in meine Richtung. Ich sollte aufhören zu telefonie-
ren, in wenigen Minuten würden wir die Passagierliste der Ab-
sturz-Maschine gefaxt bekommen. Ich weiß nicht mehr, wie er
es angestellt hatte, an die Daten zu kommen – es war irgendein
privater Kontakt. Jedenfalls sollte ich mich an das Fax stellen
und auf die Liste warten. Dort stand ich nun. Direkt neben
dem Computer, an dem wir Namen, Adressen und Telefonnummern recherchierten.

Das Faxgerät begann zu brummen und spuckte langsam
eine Seite nach der anderen aus. So viele Namen! Oft standen
drei- oder viermal die gleichen Nachnamen hintereinander,
dann ahnte ich, dass es sich um Familien mit Kindern handeln musste. Plötzlich wurde mir bewusst, dass das alles kein
Detektivspiel war. Da waren 189 Menschen ins Meer gestürzt
und höchstwahrscheinlich gestorben. Und ich hielt nun die
Liste mit unzähligen Toten in der Hand, Menschen, die gerade glücklich ihren Urlaub verbracht hatten und nun gleich
von ihren Freunden und Angehörigen vom Flughafen abgeholt werden sollten. Mein Hochgefühl war schlagartig verschwunden, das Jagdfieber gestorben. Betreten schaute ich auf
die Liste in meinen Händen. Was machte ich hier eigentlich?
In diesem Moment stürzte mein Kollege ins Zimmer: «Hast
du sie?» Und riss mir die Faxseiten aus der Hand, um sie
mehrfach zu kopieren und an sämtliche anderen beteiligten
Bild-Redaktionen weiterzuleiten. Immerhin musste ich nicht
zum Flughafen fahren. Dort sprachen die Reporter gerade
alle Menschen an, die auf dem Weg zum Flughafengebäude
waren. Sie versuchten, die Leute abzufangen, bevor sie die An-
kunftshalle betraten, denn dort waren für die Hinterbliebenen
Räume eingerichtet worden, in denen sie von Polizisten und

Psychologen betreut wurden und vor allem aber: in denen sie vor den Journalisten geschützt waren. Später erfuhr ich, dass ein besonders hemmungsloser Kollege, den ich ein paar Monate später in einer Fernsehredaktion treffen sollte, sich tatsächlich in diesen abgesperrten Bereich eingeschlichen haben soll. «Sind Sie Betroffener?», ist er angeblich gefragt worden, woraufhin er geantwortet haben soll, dass er sehr betroffen sei. Und schon war er drin. Im abgesperrten Bereich konnte er dann in Ruhe Namen, Adressen und Geschichten sammeln, ungestört von lästigen Boulevardkollegen.

Währenddessen wurde ich angewiesen, die Passagierliste abzutelefonieren, und traute mich nicht, nein zu sagen. Ich wollte ja eine gute Reporterin sein. Tatsächlich fand ich Freunde, Kollegen und Angehörige von Absturzopfern. Obwohl ich sagte, dass ich von der Bild war, wurde ich nie beschimpft, es wurde kein einziges Mal aufgelegt. Ich war erstaunt: Jeder gab mir offen Auskunft. Nur wenn es darum ging, sich fotografieren zu lassen oder Bilder der Verstorbenen herauszugeben, hagelte es Absagen. Vielleicht standen die Betroffenen so sehr unter Schock, dass sie mit jedem redeten und erst als es konkreter wurde registrierten, wen sie da eigentlich am Apparat hatten. Es war absurd. Erstaunlicherweise fanden sich sogar Hinterbliebene, die bereit waren, einen Bild-Fotografen oder -Reporter zu empfangen. Meine Kollegen vor Ort waren ziemlich erfolgreich und die Chefs begeistert. Der allgemeine Siegestaumel in der Redaktion ging auch an mir nicht spurlos vorüber. Unser Chef lobte sein tolles Team, zu dem nun auch ich gehörte. Die vielen Toten verdrängte ich. In der Welt, in der ich mich jetzt befand, zählte nicht der Mensch, sondern die Schlagzeile. Meine Wahrnehmung hatte sich verschoben, ich schien mein Gehirn abgegeben zu haben – wie ein Jünger einer Sekte. Einzig auf das Lob der Chefs kam es an. An die armen Angehörigen der Absturzopfer und daran, wie sie sich wohl gerade fühlten, dachte ich nicht. Für mich gab es nur noch Ge-schichten, Schlagzeilen und Fotos.

Mein Freund war erschüttert, als ich ihm abends von mei-nem spannenden Tag erzählte. Und meine Mutter wunderte sich vor allem darüber, dass sich die Betroffenen interviewen ließen. Und ich? Ich freute mich auf den nächsten Tag und meine Kollegen.

«Steffi (18) saß am Steuer»

Eines Morgens las der Redaktionsleiter einen Artikel aus dem «Stern» vor: «Gruppensex für den Guru. In Brandenburg hat sich ein Psychokult angesiedelt, der mit ‹freier Liebe› in einem ‹transformatorischen Bordell› den Dritten Weltkrieg und die Ausbreitung von Aids verhindern will …» Das war eine Geschichte für uns! Jeder Boulevardchef freute sich, wenn es eine journalistische Notwendigkeit gab, blanke Brüste zu zeigen. Herr Erzbach schaute in die Runde: «Eine Sex-Sekte in Brandenburg. Wer fährt da mal hin?» Und weil ich weiterhin zeigen wollte, wie engagiert und Boulevard-fähig ich war, meldete ich mich sofort, ich glaube sogar, als Einzige. Die Chefs waren beeindruckt. Und mir wurde doch ein wenig mulmig zumute, sodass ich hoffte, meine Vorgesetzten würden diese Aufgabe für einen Neuling zu gefährlich finden. Doch ganz im Gegenteil: Erfreut drückten sie mir den «Stern» in die Hand und sagten, ich solle sofort losfahren, zunächst ohne Fotografen, schließlich sollte ich mich vorerst nur umsehen. Ich versuchte, mich zu beruhigen. Was sollte schon passieren? Aber bereits auf dem Weg zu meinem Auto hatte mich diese Zuversicht verlassen … Ohne Fotografen fühlte ich mich ziemlich verloren. Ein Handy besaß ich damals leider noch nicht, sonst hätte ich sicher meine Mutter oder meinen Freund angerufen, damit wenigstens jemand mit mir fieberte – wahrscheinlich wäre mein Freund sogar mitgefahren.

Auf dem Weg in das brandenburgische Dorf dachte ich nach: Wie weit sollte ich gehen? Was sollte ich tun, wenn mich jemand in einen Raum bat? Was, wenn der Raum abgeschlossen werden würde? Ich beschloss, auf gar keinen Fall mit irgendwelchen Sektenmitgliedern in irgendwelche Zimmer zu gehen,

sondern mich als Interessentin für eines ihrer Seminare aus-
zugeben und mich nebenbei vorsichtig umzuschauen. Auweia!
Nervös kramte ich eine alte Visitenkarte aus dem Reisebüro
hervor, die noch in meiner Handtasche steckte. Ich wollte mich
als Reiseverkehrskauffrau vorstellen.

Inzwischen war ich so weit von Berlin entfernt, dass mein
Lieblingsradiosender kaum noch Empfang hatte, was mein
Verlorenheitsgefühl noch verstärkte. Nach etwa einer Stunde Fahrt kam ich in dem idyllischen Örtchen an und suchte
mir zuallererst eine Telefonzelle, von der aus ich bei meinem
Kollegen Patrick in der Polizeiredaktion anrief: «Ich bin jetzt
da!» «Gut, dann pass schön auf dich auf! Und nimm nichts zu
trinken an! Ruf mich an, sobald du raus bist.» «Okay!», sagte
ich und legte auf. Anschließend rief ich meinen Freund an, der
zuerst schimpfte, wie ich mich auf so etwas einlassen könnte,
sich dann aber so besorgt zeigte, wie es mir gerade guttat.

Als ich aus der Telefonzelle trat, fragte ich eine ältere Pas-
santin, ob sie wüsste, wie ich zu der Sekte käme. Sie musterte
mich so abfällig, dass ich ihr am liebsten sofort erklärt hätte,
dass ich nicht als sexhungrige Jüngerin dorthin fuhr, sondern
als Redakteurin zur Recherche. Aber das ging ja nicht. Natürlich konnte mir die Frau den Weg beschreiben – wahrscheinlich kannte jeder im Ort diese wilde Gruppe.

Wenig später parkte ich mein Auto gegenüber der Einfahrt
des Sektengeländes. Das Tor stand offen, das Pförtnerhäus-
chen leer. Überhaupt war weit und breit niemand zu sehen. Ich
lief die breite Auffahrt hoch. Rechts lag ein weiß getünchtes
Gebäude, geradeaus ein bunt gestrichenes Holzhäuschen, und
links entdeckte ich ein Restaurant; dorthin wollte ich als Erstes
gehen.

Das Areal schien weitläufig, es standen hohe Bäume zwischen den einzelnen Gebäuden. 1936 hatten hier die Sportler
für die Olympiade trainiert, später wurde es zur Ausbildungs-

stätte für Stasiagenten, und jetzt tummelten sich hier irgendwelche lüsternen Sektenmitglieder. Aber wo?

Vorsichtig öffnete ich die Tür zum Restaurant. Vom Flur ging rechts eine Treppe ab, die laut Schild zu den Hotelzimmern führte. Hotelzimmer? Verbrachte hier etwa jemand seinen Urlaub? Durch eine weiße Doppelschwingtür schaute ich in den menschenleeren Speisesaal – kein einziger Sektenjünger war in Sicht- oder Hörweite. Nur der Flur erinnerte daran, wo ich mich befand: Überall hingen Plakate mit Einladungen zu Sexcamps, Workshops und verschiedenen Seminaren. Dann hörte ich Schritte und Gelächter aus der Richtung des Speisesaals. Wo kamen die denn plötzlich her?

Mein Herz klopfte schneller: Gleich würde ich auf die Sex-Jünger treffen. Wie sie wohl auf mich reagieren würden? Waren sie womöglich wütend, dass ich hier herumspazierte? Gebannt starrte ich zur Tür, durch die im nächsten Augenblick zwei Männer und eine Frau traten. Ich war überrascht, wie aufgeschlossen und freundlich sie mir begegneten, als ich sie ansprach und mein Interesse an ihren Seminaren bekundete. Eine langhaarige Frau mit wallendem Rock drückte mir eine Broschüre in die Hand, in der alle angebotenen Seminare verzeichnet waren. Sie fragten nicht mal, wie ich auf sie gekommen war, keiner wollte meine Ich-arbeite-im-Reisebüro-Geschichte hören oder mit mir im schummrigen Hinterzimmer etwas trinken. Alles war ganz harmlos. Artig bedankte ich mich und ging erleichtert zurück zum Auto.

Mit dem Verlauf meiner Recherche war ich sehr zufrieden: Jetzt hatte ich allen gezeigt, wie mutig ich war, ohne mich tatsächlich in Gefahr begeben zu haben. Großartig! – und kurzsichtig. Denn damit war eigentlich klar, dass ich es sein würde, die hier zwei Monate später ein viertägiges Seminar mit dem einschlägigen Titel «Liebe, Eros, Partnerschaft» besuchen sollte.

Doch vorerst war die Gefahr gebannt, der Auftrag erledigt, und ich fuhr die rund 80 Kilometer zurück zum Verlag – nicht ohne vorher bei Patrick angerufen zu haben, um mich «zurückzumelden». Auch er ahnte in diesem Moment noch nicht, dass er mich zwei Monate später hierher begleiten würde … Obwohl ich offiziell noch Praktikantin war, wurde ich spätestens nach meinem kleinen Ausflug ins Brandenburgische wie eine vollwertige Redakteurin behandelt: Ich musste Themen vorschlagen, und wurden sie angenommen, durfte ich mit einem Fotografen die Beiträge umsetzen. Das Schreiben im Bild-Stil war anfangs etwas schwierig, aber die erfahrenen Redakteure halfen mir gerne beim Verfassen der Artikel. War ein Text in der vorgeschriebenen Zeilenlänge fertig, wurde er per Mail an die Chefs geschickt, die das Geschriebene dann redigierten. Wobei das Redigieren oft zur Folge hatte, dass wir uns am nächsten Tag nicht ans Telefon trauten: Die Chefs formulierten unsere Texte schärfer, reißerischer – nicht inhaltlich falsch, zumindest nicht justiziabel, aber doch so, dass sie häufig einen anderen Tenor bekamen. Wenn man vorsichtig einwarf, dass die Geschichte so nicht ganz richtig wäre, wurde lediglich entgegnet, dass sie aber auch nicht ganz falsch sei. Damit war das Thema vom Tisch, und man wagte nicht, weiter zu widersprechen. Stattdessen gingen wir am nächsten Tag, wenn die erzürnten Protagonisten anriefen, einfach nicht ans Telefon. Entweder richteten Kollegen aus, man sei unterwegs, oder man ließ es ins Leere klingeln. Frei klingelnde Telefone gehörten also zum Redaktionsalltag.

Bereits nach wenigen Wochen hatte ich ein gutes Gespür für Geschichten entwickelt und konnte manchmal sogar Themenvorschläge an Kollegen abgeben. Häufig durchforstete ich noch nach Feierabend die Lokalzeitungen, in denen man eigentlich immer fündig wurde. Das Inserat einer Theatergruppe, die sich fürs heimische Wohnzimmer buchen ließ, wurde genauso zur Bild-Geschichte wie die Wohnungsanzeige für die ersten Mietwohnungen in den Hackeschen Höfen.

Zu dem Zeitpunkt, als Gerhard Schröder auf Seite 1 seine Trennung von Ehefrau Hillu bekannt gab, wurde mein Praktikum wunschgemäß verlängert. Dabei ging es mir inzwischen gar nicht mehr so sehr ums Studium. Die Arbeit machte mir Spaß, ich mochte das Schreiben und die netten Kollegen. Bereits nach vier Wochen fühlte ich mich wie ein alter Hase im Boulevardgeschäft. Meine Freunde hatten es mittlerweile aufgegeben, mit mir über die Praktiken der Bild zu diskutieren, und da mein Freund merkte, wie wichtig mir mein neuer Job war, half er sogar bei der Themensuche und entwarf eigene Ideen für mögliche Artikel. Die Bild gehörte zu unserem Alltag.

Unterdessen waren alle Hallodris der Redaktion auf mich aufmerksam geworden, und ich gefiel mir in der Rolle der Redaktions-Püppi. Ich wurde oft als «Fotomodel» missbraucht: Für ein Wetter-Thema musste ich mich mit einem kaputten Regenschirm in den Wind stellen, ich sollte sexy in Gummibärchen beißen, die «Stinkige Waschlappen» oder «Grüne Blattläuse» hießen, und durfte als eine der Ersten in Deutschland mit dem damals neuen BMW Z3, dem Bond-Auto, durch Berlin fahren. Im dazugehörigen Artikel waren allerdings nur meine Beine in Netzstrumpfhose und ein Stück vom Po zu sehen. Wofür ich mich heute schäme, war mir damals egal – Hauptsache, ich war beschäftigt. So durfte eigentlich jeder permanent meine Grenzen überschreiten, sei es mit solch peinlichen Fotos oder erschütternden Aufträgen. Und weil das beinahe täglich und mit großer Selbstverständlichkeit passierte, hielt ich eher mich für zu empfindlich, als dass ich an meinem Umfeld zweifelte. Mit Anfang 20 war ich wohl nicht gefestigt genug, meinen Vorstellungen treu zu bleiben. Später verglich ein Bekannter mein Verhalten mit dem Stockholm-Syndrom, bei dem sich die Opfer mit dem Täter verbünden. Und auch wenn das vielleicht ein wenig überspitzt klingt: Ich war in der Tat abhängig von dem Lob der Chefs und verlor ihnen gegenüber jede Kritikfähigkeit.

Es gab nur eine Situation, in der ich mich wehrte: gegen unseren «Mädchen-Fotografen» Frank. Zumindest optisch war er ziemlich attraktiv: Er trug sein blondes Haar sportlich kurz, hatte einen trainierten Körper, den er mit hautengen T-Shirts gerne betonte, war braungebrannt und mindestens 1,90 Meter groß. Er fuhr einen coolen Geländewagen und hatte meist Freundinnen, die sogar mir – mit 22 – blutjung erschienen. Während sich die anderen Fotografen nett und eher väterlich gaben, nutzte Frank jede Gelegenheit, mich auf die offenbar imposante Größe seines besten Stücks aufmerksam zu machen. Beim ersten Mal glaubte ich noch, ich hätte mich verhört, als er an der offenen Kofferraumklappe ein gigantisches Objektiv auf seinen Fotoapparat schraubte und mich wissen ließ: «So groß und so dick ist er.»

Ich war sprachlos und beinahe verstört; aber anstatt ihn sofort in seine Schranken zu weisen, setzte ich mich eingeschüchtert ins Auto, um zum Termin zu fahren. Wir waren ausgerechnet mit dem alternden Berliner Playboy Rolf Eden verabredet, der für viel Geld seinen weißen Rolls-Royce verkaufen wollte. Als Eden mich einlud, mit ihm in seinem Luxusauto zum Ort des Fotoshootings zu fahren, nahm ich das Angebot gerne an, froh, dem aufdringlichen Frank entkommen zu sein. Allerdings hatte ich mich nicht wirklich verbessert: Als wir hielten und ich aus der mit einem unglaublich geschmacklosen tintenblauen Plüsch ausgekleideten Luxuskarosse klettern wollte, ließ sich die Tür nicht öffnen. Der alternde Playboy rutschte etwas näher an mich heran. «Eine so hübsche Frau lasse ich doch nicht einfach wieder aussteigen», säuselte er, und mir wurde ganz schwindelig. Was für ein Tag! Jetzt freute ich mich fast, Frank vor der Wagentür zu entdecken.

Der Rest des Fototermins verlief ruhig und gesittet, und erst auf der Rückfahrt legte Frank mit weiteren Anzüglichkeiten los – es war wirklich unglaublich. Natürlich war ich nicht die einzige Praktikantin, die er derart belästigte, das hatte ich schon gehört. Als ich einmal ein Büro betrat, in dem nur Frank saß, sagte er tatsächlich: «Und dich f... ich auch noch!» Das war mir dann zu viel. Seit dieser Äußerung weigerte ich mich, weiter mit ihm zu arbeiten, was mir wenige Tage später ein Gespräch beim Foto-Chef einbrachte. Der konnte mit mir und meinem Püppi-Auftreten ganz offensichtlich nichts anfangen und behandelte mich distanziert-herablassend. Deshalb fühlte ich mich ziemlich unwohl, während ich ihm die ganze Geschichte erzählte. Er hörte kommentarlos zu. Später erfuhr ich, dass der «Mädchen-Fotograf» angeblich eine Abmahnung bekommen hätte. Jedenfalls musste ich nie wieder mit ihm einen Termin wahrnehmen, und das war das Wichtigste.

Kurze Zeit später recherchierte ich eine Geschichte über Flugschulen: Angeblich machten immer mehr Privatleute ihren Flugschein. Roger saß mir gegenüber und lachte sich gerade schief, weil ich in einer Flugschule nach einem Flugstimulator und nicht nach einem Flugsimulator gefragt hatte. Er stand auf, griff sich in den Schritt und «flog» mit dem anderen Arm durchs Büro. In diesem Moment rief Martin, der stellvertretende Redaktionsleiter: «Kerstin, komm mal ins Büro!» Das war kein gutes Zeichen, und ich ärgerte mich, dass ich kein Kracherthema in Arbeit hatte, das die Chefs unbedingt im Blatt haben wollten, dann wurde man nämlich in Ruhe gelassen. Überhaupt war es am schönsten, die Chefs nur morgens in der Konferenz und dann vielleicht nochmal abends beim Verabschieden zu sehen. Mit einem unguten Gefühl ging ich in Martins Büro. Da saß er mit meinem anderen Chef, vor sich auf dem Tisch einen Strauß Blumen, und lachte mich freundlich an. Leider waren die Blumen nicht für mich, wie ich schnell erfuhr. Eine 18-Jährige hatte drei Wochen nach bestandener Führerscheinprüfung auf einer Landstraße die Kontrolle über ihren Wagen verloren und war gegen einen Baum gerast. Ihre beste Freundin starb auf dem Beifahrersitz, das Mädchen selbst lag auf der Intensivstation. Und nun sollte ich – mit den Blumen in der Hand – ins Krankenhaus gehen, mich als Freundin ausgeben und versuchen, ein Interview zu bekommen, um herauszufinden, wie man sich fühlt, wenn man gerade seine beste Freundin totgefahren hatte. Die beiden jungen Frauen kannten sich angeblich seit der siebten Klasse und verbrachten seitdem beinahe jeden Tag miteinander. Ich starrte die Chefs an, nickte, nahm die Blumen und verließ das Büro. Mir kamen die Tränen. Das wollte ich auf keinen Fall machen! Am Telefon hatte ich noch einen gewissen Abstand zu den Leuten, ich musste ihnen nicht ins Gesicht blicken. Sie wussten nicht, wie ich aussah, würden mich also auf der Straße auch nicht erkennen. Es blieb irgendwie anonym. Jetzt sollte ich mich zum ersten Mal einem Opfer zeigen! Sollte unverfroren nach einem Interview fragen, obwohl ich genau wusste, wie wenig sich das gehörte.

Meinen Freund oder meine Mutter wollte ich jetzt nicht anrufen, ich wusste genau, sie hätten mir beide dringend geraten, mich normal menschlich zu verhalten und den Auftrag abzulehnen. Aber das traute ich mich nicht. Ich fürchtete, dass mich das den Job kosten würde. Und danach? Zurück ins Reisebüro? Bloß nicht! Ich war auch noch nicht lange genug bei der Bild, als dass ich mir Hoffnung auf einen anderen Redakteursposten machte. Aufgewühlt ging ich zu der netten Sekretärin Moni Schmitz ins Büro, die mich tröstend in den Arm nahm.

Weil ich nicht den Mut aufbrachte, den Chefs zu sagen, dass ich die Geschichte nicht machen würde, fuhr ich tatsächlich los: ins Virchow-Krankenhaus in Berlin-Wedding. Mir war schlecht. Die Eltern zu treffen, davor hatte ich am meisten Angst. Was sollte ich denen sagen? Wahrscheinlich würden sie mich wüst beschimpfen oder sogar handgreiflich werden. Mit Recht, das war mir bewusst. Warum war es so wichtig, mit der Fahrerin zu sprechen? Es war doch klar, wie schlimm dieser Unfall für sie sein musste. Konnte man das Mädchen jetzt nicht in Ruhe lassen? Womöglich verschlimmerte mein Besuch ihren Gesundheitszustand? Wie würden die Ärzte reagieren? Trotz aller Bedenken fragte ich am Empfang nach der Intensivstation und stieg in den Fahrstuhl – als auftragserfüllende Hülle. Mein Gewissen ließ ich im Auto.

Es war mein erster Besuch auf einer Intensivstation, und ich war überrascht, dass ich nicht einfach auf die Station spazieren konnte. Eine geschlossene Tür verhinderte das. Auch das noch! Ich konnte mich nicht heimlich an das Bett der 18-Jährigen schleichen, ich musste klingeln. Es dauerte eine ganze Weile, bis endlich eine Schwester kam. «Darf ich die Steffi besuchen?», fragte ich und wäre dabei am liebsten im Boden versunken. Die Schwester sah mich eindringlich an und antwortete dann: «Das tut mir leid, sie ist noch nicht stabil genug, nur ihre Eltern dürfen zu ihr.» Dann verabschiedete sie sich und schloss die Tür. Das war's! Erleichtert fuhr ich mit dem Fahrstuhl nach unten, eilte schnurstracks zu meinem Auto und legte die Blumen auf den Beifahrersitz.

Die Chefs schrieben die Geschichte trotzdem. Ohne Interview, mit einem Foto von dem zerstörten Wagen. Die Blumen brachte ich am Abend meiner Mutter mit, die sich über den bunten Strauß freute und glücklicherweise nicht fragte, warum sie ihn bekommen hatte.

Am nächsten Tag schnappte ich mir als Erstes die anderen Tageszeitungen, um nach der Unfallgeschichte zu suchen. Erleichtert stellte ich fest: Die anderen hatten auch nicht mehr Fotos oder Informationen als wir. Damit war – für mich betrachtet – alles gutgegangen, zumindest drohte kein Ärger.

Menschlich musste ich mich zwar ganz schön verbiegen, aber grundsätzlich gefiel mir mein neuer Job: Ich wusste morgens nie, was der Tag bringen würde, traf Menschen, die mir sonst wohl nie begegnet wären, konnte sie wissbegierig alles fragen, was mir in den Sinn kam, ohne unangenehm neugierig zu wirken – schließlich erfüllte ich nur meine Aufgabe. Außerdem durfte ich zu Film-Sets, in Operationssäle oder besetzte Häuser – an alle Orte, die man normalerweise nicht zu sehen bekam. Am liebsten waren mir nette, harmlose Geschichten über Menschen, die Lust hatten, in die Zeitung zu kommen: Porträts über skurrile Künstler, Geschichten über zahme Füchse oder lebensrettende Hunde.

Dementsprechend unheimlich war mir mein neuer Auftrag, gegen den selbst meine Mutter und mein Freund diesmal ihr Veto eingelegt und versucht hatten, mir das Ganze auszureden. Ich sollte nach Brandenburg zur Sex-Sekte fahren, zusammen mit meinem Kollegen Patrick. Natürlich hatte ich mich wieder nicht getraut, nein zu sagen, und packte ergeben meinen Koffer für vier Tage «Liebe, Eros, Partnerschaft». Meine modisch-angesagte Kleidung, die mir sonst so wichtig war, ließ ich im Schrank. Stattdessen entschied ich mich für die weite dunkelblaue Latzhose, einen langen Rollkragenpullover, mein sackartiges, kariertes Kleid, das ich Jahre später während meiner Schwangerschaft tragen sollte, und ähnlich unförmige Teile. Sogar mein Schminkzeug ließ ich zu Hause, ebenso die Rundbürste, mit der ich sonst wirklich jeden Morgen meine Frisur in Form brachte. In den nächsten Tagen wollte ich so wenig Sexappeal ausstrahlen wie möglich.

Mein gutgelaunter Polizeireporterkollege Patrick holte

mich zu Hause ab; damals wohnte ich zusammen mit meiner Familie in einer strahlend weißen Doppelhaushälfte im Süden von Berlin. Meine sonst stets gelassene Mutter huschte aufgeregt um uns herum und packte Obst für die Fahrt ein. Patrick versprach lachend, mich wieder heil zu Hause abzuliefern, was meine Mutter nicht besonders beruhigte. Wir fuhren ohne Fotografen, die Bilder sollten diesmal wir selbst machen. Während der Fahrt nach Brandenburg sprachen wir noch einmal alles durch. Wo kamen wir her? Was machten wir beruflich? Wo hatten wir uns kennengelernt? Und was versprachen wir uns von dem Seminar? Patrick und ich hatten alles genau geplant: Wir wollten uns als Liebespaar ausgeben, das seit zwei Jahren zusammenlebt und bei dem das Sexleben eingeschlafen war. Ganz einfach. Er arbeitete als Elektriker und ich als Reiseverkehrskauffrau. Das war's.

Mit etwa einer halben Stunde Verspätung kamen wir vor dem Tor des Sektengeländes an. Das Seminarhaus lag unmittelbar hinter der Einfahrt und war leicht zu finden. Als wir nach einem kurzen Klopfen den Raum betraten, saßen die anderen Seminarteilnehmer schon auf dem Boden im Kreis und waren dabei, sich vorzustellen.

Ein junger Mann mit kahl rasiertem Kopf und scheußlich bunten Klamotten (wollte er ebenfalls keinen Sexappeal ausstrahlen?) erzählte gerade von seinem «psychosomatischen Herzstillstand», davon, dass er mit 29 Jahren nachts immer ins Bett machte und noch nie Sex gehabt hatte. Die anderen im Kreis nickten ihm während seiner erstaunlich offenen Ausführungen freundlich und aufmunternd zu. Dann war der Nächste dran: ein gutaussehender Typ, der von der Nähe und Vertrautheit schwärmte, die er empfand, wenn er mit seiner Schwester schlief. Mein Kollege konnte sich eine Rückfrage nicht verkneifen: «Mit deiner Schwester?» Aber außer uns schien das keinem fragwürdig vorzukommen. Wo waren wir hier gelandet? In mir wuchs die Sorge, dass wir mit unserer Schnulli-Geschichte von der sexuell langweilig gewordenen Beziehung ausgelacht werden würden! Oder noch schlimmer: Womöglich würden wir unglaubwürdig wirken und entlarvt?

Es nahmen dreizehn sehr unterschiedliche Leute an dem Seminar teil. Außer meinem Kollegen und mir gab es noch ein Pärchen; alle anderen waren allein gekommen. Ein weinerlicher, frisch verlassener Ehemann, eine gepflegte 50-Jährige mit schicker Kurzhaarfrisur, eine aufgedrehte, sofort nervtötende Redakteurin aus Sachsen (die nicht zum Recherchieren gekommen war), ein bärtiger Typ, der seiner Frau einen Strauß roter Rosen geschenkt hatte, als sie das erste Mal mit einem anderen Mann Sex hatte, eine junge Frau in meinem Alter mit wirren Locken, neben ihr eine extrem hübsche Blondine aus Hessen. Auf deren Geschichte war ich besonders gespannt, rein optisch passte sie nämlich gar nicht hierher. Die attraktive Superblondine war gekommen, um sich so richtig auszutoben. In ihrem kleinen hessischen Dorf wäre sie verpönt, wenn sie ständig neue Männer abschleppen würde. Hier wäre alles freier, das wusste sie schon von vorangegangenen Aufenthalten. Barbie, wie ich sie insgeheim nannte, war scheinbar ein Sex-Sekten-Profi. Freundlicherweise ließ sie uns in den folgenden Tagen detailliert an ihrem ausschweifenden Sexleben teilhaben.

Es war nur noch ein Kursteilnehmer vor uns dran. Meine Aufregung wuchs, dabei hätten wir uns einen besseren Vorredner gar nicht wünschen können. Der Mann, der sich nun vorstellte, war etwa Mitte 20, klein und unscheinbar und nahm, wie er freimütig zugab, aus Kostengründen an diesem Seminar teil: «Wenn ich in einen Puff gehe, zahle ich 50 Mark pro Handanlegen. Hier kosten mich vier Tage Komplettprogramm nur 450 Mark. Das ist günstiger.» Was für eine Offenbarung! Patrick und ich mussten grinsen, aber die extrem alternativ aussehende Seminarleiterin verzog angewidert das Gesicht; solche

Leute wollten sie hier offenbar nicht haben. Sie erklärte, dass es nicht bloß um Sex ginge, sondern um die Rettung der Welt! Sex hätte schließlich etwas Heilendes, Friedenstiftendes. Mein Kollege und ich waren erleichtert: Nach diesem Vorredner konnten wir gar nichts mehr verkehrt machen. Und tatsächlich schien unsere Geschichte zu funktionieren, alle schauten uns verständnisvoll, betroffen an. Mit einem solchen Problem waren wir hier genau richtig.

Nachdem die Vorstellungsrunde abgeschlossen war, wurden wir zum Mittagessen entlassen. Im sogenannten Dorfrestaurant, das zu der Kommune gehörte und schräg gegenüber vom Seminarhaus lag, gab es ausschließlich vegetarische Kost und – auch wenn es der Name anders vermuten lassen würde – keine Kellner. Aber als «fürsorglicher Lebensgefährte» war Patrick so nett, für mich eine Portion Reis mit Gemüse aus der Küche mitzubringen, während ich mit der Frau mit der schicken weiß-grauen Kurzhaarfrisur ins Gespräch kam. Sie fühlte sich offenbar dazu berufen, sich intensiv um mich zu kümmern, und hatte dabei etwas Mütterliches, was ich angesichts dieser Umgebung als sehr wohltuend empfand. Abgesehen von «Barbie», die mit Pausenbeginn verschwunden war, blieb unsere Gruppe in der Mittagspause zusammen, es wurde viel geredet und gelacht. Offenbar war ich viel anpassungsfähiger, als ich es jemals von mir gedacht hatte; ich fühlte mich in diesem merkwürdigen Kreis beinahe wohl.

Meiner Meinung nach gehört es zu den wichtigsten Eigenschaften einer guten Redakteurin, sich auf jeden Gesprächspartner einlassen zu können. Darüber hinaus sollte man sich dem entgegengebrachten Vertrauen natürlich würdig erweisen, aber so weit war ich damals noch nicht: Stattdessen spielte ich meine Rolle als beziehungskrisengeschüttelte Reiseverkehrskauffrau und fühlte mich damit zumindest so lange sicher, bis ich mich auf den Weg zur Küche machte, um meinen Teller abzuspülen: Ich war in meinem ganzen Leben noch nie innerhalb so kurzer Zeit von so vielen Männern angefasst worden, und ich gehe fest davon aus, dass ich das nicht noch einmal erleben werde. Es war unglaublich. Beim Abwaschen. Beim Laufen. Bei allem. Beinahe jeder Mann, an dem ich vorbeilief, versuchte mir zwischen die Beine, zumindest aber an den Po zu fassen. Und den anderen Frauen ging es genauso. Es war entsetzlich. Sogar als ich einen der Grabscher anfauchte, wurde es nicht besser: Ich hatte noch nicht ausgesprochen, da spürte ich schon die nächste Hand am Po. Ich war froh, als ich zurück am Tisch war. Patrick verstand meine Empörung und war wild entschlossen, mich zu verteidigen. Gemeinsam gingen wir nach draußen, um uns bis zum Ende der Mittagspause das Gelände anzuschauen. Endlich waren wir allein! Wir spazierten an einer Art Zelt vorbei, kamen zu den Wohnhäusern, entdeckten den Eingang zur Sauna und standen irgendwann vor dem Kinderhaus. Hier lebten die angeblich elf Kinder der Bewohner, die rund um die Uhr von zwei Erwachsenen betreut wurden. Eine besondere Bindung an die Eltern gab es wohl nicht, zumindest war sie nicht erwünscht. Für die Leute hier war die Kleinfamilie die Wurzel allen Übels. Menschen sollten frei sein! Die Kleinen taten uns leid. Was sollte aus ihnen werden, wenn sie erwachsen waren? Das konnte doch nicht gesund sein. Die etwa fünfzig Bewohner der Kommune sahen das anders. Sie waren Fotografen, Sozialarbeiter, ehemalige Prostituierte; die meisten von ihnen arbeiteten auf dem Gelände: als Seminarleiter, im Tonstudio, in der Küche, in der eigenen Schreinerei oder für einen dazugehörigen Verlag. Nur der Hausmeister kam von außerhalb.

Leider tauchte während unseres Aufenthalts der geistige Urvater dieser Gruppe nicht auf – wir hätten ihn gerne erlebt. Alle sprachen sehr ehrfurchtsvoll und vor allem permanent über ihn. Er war ein Mann der 68er-Bewegung, der bisher vor allem wegen einer angeblich selbst geheilten Tripperepidemie in einer anderen Kommune im Schwarzwald Schlagzeilen gemacht hatte. Angeblich behauptete er von sich, Aids durch Sex heilen zu können. Ich fragte mich, wie man dazu kam, solchen Quatsch zu glauben! Aber in Bezug auf Aids glaubten sie hier noch ganz andere Dinge – die sollte ich aber erst beim sonntäglichen «Gottesdienst» erfahren.

Beim Schlendern über das Gelände erzählte Patrick mir, dass der Ober-Guru und seine Jünger 1991 das 150 000 Quadratmeter große ehemalige Stasigelände von der Treuhand gekauft hatten. Seitdem wurde dort freie Liebe gelebt. Jeder mit jedem, jederzeit. Die Leute hier glaubten anscheinend, freie Liebe würde alle Probleme der Welt lösen, Kriege verhindern und sogar die Umweltverschmutzung stoppen. In einem Prospekt stand: «Auf der Suche nach erotischen Kontakten wird täglich dermaßen viel Benzin verfahren, dass die Befreiung und Verwirklichung der sinnlichen Liebe schon aus ökologischen Gründen gefördert werden muss.» Diesen Blödsinn hörten sich jährlich rund 2000 Besucher an und bezahlten sogar viel Geld dafür: Es gab Wochenendseminare, Workshops, Jahresgruppen, Ostertreffen, Sommercamps und Pauschalreisen.

Inzwischen wurde es Zeit, zum Seminar zurückzukehren. Diesmal redete nur die Seminarleiterin, sie erklärte uns die Prämissen ihrer Gruppe: Solange es Krieg in den Beziehungen gebe, könne es auf der Welt keinen Frieden geben. Deshalb sei Treue als gesellschaftlicher Zwang und falsche Vorstellung von romantischer Zweierbeziehung die Ursache für jede Form von Gewalt.

Während ihrer flammenden Rede für die freie Liebe warf sie ihre unfrisierten langen Haare nach hinten über die Schulter, und ich staunte, wie sexy sie sich offenbar fand. Wer Kritik äußerte, wurde entweder wütend oder mitleidig-herablassend angegangen. Nur wer sich ihren Vorstellungen unterwarf, behandelte sie nett.

Ich war froh, als das Seminar vorbei war und wir zum Abendessen gingen, wo Patrick mir jeden Gang abnahm und anschließend sogar meine Teller abspülte, um mich vor weiteren Handgreiflichkeiten zu bewahren. Wir saßen noch lange zusammen. Patrick unterhielt sich, und ich hörte mir geduldig die selbst geschriebenen Lieblingsgedichte des bärtigen Seminarteilnehmers an, weil ich mich mal wieder nicht zu sagen traute, dass ich mich eigentlich auch lieber unterhalten würde. Manchmal nervte ich mich selbst mit meiner Art, niemanden vor den Kopf stoßen zu wollen.

Irgendwann gab ich vor, müde zu sein. Patrick und ich verabschiedeten uns und liefen die etwa hundert Meter zu unserer «Schlafbaracke», einem einstöckigen Haus im Zentrum des Anwesens. Im Flur zogen wir unsere Schuhe aus und hängten die Jacken an den Haken, bevor wir den großen Schlafsaal betraten. Überall auf dem Boden verteilt lagen braun-beige gestreifte Matratzen. Ich nahm meinen Schlafsack und suchte mir eine Schlafstelle in der Nähe des Fensters aus, Patrick legte sich auf die Nachbarmatratze. Der Raum war groß, kühl und kahl – und die Matratzen überraschend sauber, wenn man bedachte, was die wahrscheinlich schon alles erlebt hatten. Igitt! Darüber wollte ich lieber nicht nachdenken. Außerdem hatte ich ja einen Jogginganzug an und meinen eigenen Schlafsack dabei.

Bis auf das «andere» Pärchen, das ein Hotelzimmer auf dem Gelände gebucht hatte, und «Barbie» kamen nach und nach alle Seminarteilnehmer hinterher. Und sie waren friedlich und zurückhaltend und haben alle geschlafen – zumindest in dieser Nacht.

Als ich am Morgen wach wurde und zum Fenster direkt über mir schaute, drückte gerade jemand seine Nase an der

Scheibe platt. Sehen konnte er nichts – seine Augen waren verbunden. Ich hatte das Gefühl, in einem Irrenhaus gelandet zu sein, und schälte mich beklommen aus dem Schlafsack. Was war das denn für eine Übung? Ich sah mich in unserem Matratzenlager um – mein Kollege und die meisten anderen Seminarteilnehmer waren schon fort, und ich wunderte mich über meinen tiefen Schlaf. Normalerweise wurde ich schon wach, sobald auch nur die kleinste Bewegung im Raum war.

Im Jogginganzug verließ ich unsere Baracke und erkannte hinter den Augenbinden meine Seminarkollegen. Sie übten gerade, sich fallenzulassen, zu vertrauen, sich ganz in die Hände eines anderen zu begeben. Aha. Ich wollte lieber erst mal zu den Duschen gehen, die in einem anderen Gebäude untergebracht waren. Außer mir waren noch zwei Frauen da, die sich während des gesamten Waschvorgangs nur über Sex, über nichts anderes, unterhielten. Wie es mit wem gewesen sei und so weiter. Gelebtes Klischee! Ich war noch keine 24 Stunden vor Ort und hatte schon die Nase voll vom Thema Sex.

Zurück im Schlafsaal schoss ich schnell ein paar Fotos von den leeren Matratzen. Wie eine Geheimagentin oder zumindest echte Investigativjournalistin huschte ich durch den Raum, und mein Herz klopfte bis zum Hals vor lauter Angst, erwischt zu werden. Was für ein Quatsch! Es hätte mir garantiert jeder geglaubt, dass ich Bilder fürs private Fotoalbum schieße und nicht die nächsten Titelfotos für die Bild. Damals glaubte ich jedoch, dass mich der Fotoapparat sofort als Reporterin entlarven würde. Trotzdem schlich ich mutig nach draußen, um aus weiter Ferne die Morgenandacht festzuhalten, die bereits begonnen hatte.

Ich war offensichtlich schon wieder spät dran. Schnell versteckte ich den Fotoapparat in meiner Tasche und sauste zu dem Platz neben dem Restaurant. Eigentlich hätte für mich gelten sollen «Fünf Minuten vor der Zeit ist des Reporters

Pünktlichkeit». Aber das schaffte ich nur in Ausnahmefällen. Ich hatte eine schlechte Zeitplanung und kämpfe noch heute mit diesem Manko.

Die Morgenandacht war bereits in vollem Gange, alle standen im Kreis um unsere Seminarleiterin herum, die gerade ihre Arme in die Luft streckte und uns aufforderte, es ihr gleichzutun. Gemeinsam wollten wir «die Energie des Tages» erfassen. Ich schämte mich bei dieser Übung nur ein bisschen, schließlich wusste ich, dass ich bis auf Patrick niemanden hier jemals wiedersehen würde. Obwohl einige Seminarteilnehmer wirklich nett waren, freute ich mich darauf, sie bald wieder los zu sein. Wie konnte man all diesen Quatsch nur ernst nehmen? Immerhin und beachtenswerterweise waren all diese Menschen ehrlich und authentisch, wohingegen Patrick und ich nur Mogelpackungen waren. Dementsprechend litt ich permanent unter meinem schlechten Gewissen und der Angst, dass jemand unsere Tarnung aufdecken könnte. Ich malte mir für diesen Fall schreckliche Szenen aus. Es wurde zwar gelegentlich über die negativen Presseberichte der letzten Wochen geschimpft – offenbar rechnete aber niemand damit, dass sich tatsächlich Journalisten einschleichen könnten. Vielleicht wären den Bewohnern dieser Kommune schreibende oder filmende Redakteure sogar willkommen gewesen, immerhin waren sie von ihrer Sache überzeugt und hätten gerne auch alle anderen bekehrt.

Am Ende der Morgenandacht dankte unsere Seminarleiterin für die Energie der Gruppe und entließ uns zum Frühstück. Es war 9 Uhr, und wir hatten noch eine Stunde Zeit bis zur «Geistigen Stunde». Auch beim Frühstück blieb die Gruppe beisammen und machte sich schließlich gemeinsam auf zum Seminarhaus. Der «Unterricht» begann pünktlich und wenig überraschend. Die erste Frage war – natürlich! – «Wie war eure Nacht?» Und bis auf «Barbie» hatte niemand etwas zu erzählen, dafür konnte sie gleich zwei Männer ins Feld führen und wirkte überdreht und ausgelassen. Wahrscheinlich hatte sie das Gefühl, in ihrer Entwicklung schon viel weiter fortgeschritten zu sein als wir, und wollte deshalb mit uns «Freie-Liebe-Anfängern» gar nicht viel zu tun haben. Ihre Meldungen zur Nacht entwickelten sich zum Zweiergespräch zwischen ihr und der Seminarleiterin, in dem sie sich über die Vorzüge der einzelnen Liebhaber austauschten. Es war grotesk. Anschließend wurden Passagen aus den Seminarbüchern «Rettet den Sex» und «Der unerlöste Eros» vorgelesen, an deren Anschluss wir über Krieg in der Partnerschaft, Eifersucht und freie Liebe diskutieren sollten. Das «andere» Paar erzählte, dass er am liebsten eine freie Beziehung leben, sie aber auf eine feste Zweierbindung bestehen würde. Deshalb war sie – übrigens eine Italienerin – mit ihm nach Brandenburg gekommen, um sich das mit der freien Liebe einmal anzuschauen. Eigentlich nur aus der Ferne, deshalb hatten die beiden ein Hotelzimmer gebucht und nicht den Gemeinschaftsschlafraum, in den es ihn vermutlich eher gezogen hätte. Ausgerechnet diese beiden sollten mich später in eine sehr merkwürdige Situation bringen.

Wir sprachen noch über verschiedene Sexpraktiken, aber wer nichts sagen wollte (so wie ich), wurde glücklicherweise auch nicht dazu genötigt. Dann war der erste Teil vorbei. Es gab ein Mittagessen, das sich kaum vom Frühstück unterschied, und ich wurde allmählich gelöster. Mal abgesehen vom Grabschen und den pikanten Themen war es hier wohl bei weitem nicht so gefährlich, wie ich erwartet hatte.

Punkt 14 Uhr war es mit meiner Gelöstheit vorbei: Die Gruppen wurden getrennt, ich sollte allein bleiben, ohne Patrick. Es gab eine Frauengruppe unter der Leitung unserer unsympathischen Seminarleiterin und eine Männergruppe mit einem sehr weichen, fast weinerlichen Gesprächsführer.

Gleich zu Beginn wurde ich richtig in die Mangel genommen: Wo hatte ich Patrick kennengelernt? Welche Sexpraktik mochte er am liebsten? Was mochte ich am liebsten? Wie oft hatten wir Sex? Und wie lange? Was machten wir sonst in unserer Freizeit? Und wie viel Zeit verbrachten wir überhaupt miteinander? So detailliert hatten mein Kollege und ich uns natürlich nicht besprochen. Obwohl ich sonst eine eher schlechte Lügnerin bin, war ich vor lauter Panik hellwach und konnte blitzschnell alle Fragen beantworten. Dabei schossen mir die wildesten Gedanken durch den Kopf: Die hatten was gemerkt! Die wussten, dass wir uns hier eingeschlichen hatten! Wir mussten abhauen – wenn wir dazu kämen!

Sobald die Gruppentrennung aufgehoben wurde, beeilte ich mich, zu Patrick zu kommen. Er war genauso ausgequetscht worden, aber ihn versetzte das nicht in Aufregung. Er nahm an, dass es nichts zu bedeuten hatte. Ich dagegen war völlig aus dem Häuschen und drauf und dran, meinen Koffer zu packen und zu verschwinden: Was, wenn die sich über uns unterhalten? Dann würden die Ungereimtheiten auffliegen! Flogen sie aber nicht. Stattdessen «flog» die schräge sächsische Journalistin an uns vorbei. Sie war in bunte Röcke und Tücher gehüllt und sang: «Ich bin der Sonnenschein, ich bin der Sonnenschein!» Frau Sonnenschein hatte im letzten Seminar darüber geklagt, dass sie sich so langweilig und unscheinbar vorkommen würde. Deshalb hatte ihr die Seminarleiterin nun einige ihrer schönsten und farbenprächtigsten Kleidungsstücke geliehen. Jetzt, in knallbunte Tücher gehüllt, fühlte sie sich offenbar besser. Sie sang und tanzte mitten auf dem Weg und ohne Musik. Patrick und ich hatten Mühe, uns das Lachen zu verkneifen, doch das nahm die Sächsin in ihrem Höhenflug gar nicht wahr. Sie fühlte sich sogar so gut, dass sie mir später meine Nachtruhe versaute.

Doch vorerst schwebte sie mit uns zum nächsten Termin: zum «Forum». Wieder mussten wir uns in einen Kreis setzen, in dessen Mitte nun verschiedene Gegenstände lagen: ein Ring, eine Rute und ein Stein, der den «Stein der Weisen» symbolisieren sollte, wie uns die Seminarleiterin erklärte.

Jeder aus der Gruppe sollte nun einzeln in die Mitte gehen, sich einen Gegenstand nehmen und dann über die Dinge sprechen, die ihn am meisten bewegten. Der sächsische Sonnenschein nahm natürlich das Schmuckstück und ließ noch einmal alle an ihrer Freude über ihre Verwandlung teilhaben. Die meisten waren jedoch schüchtern und verpassten damit die Gelegenheit, Einladungen für die Nacht auszusprechen oder die Seminarleiterin nach dem Schlüssel für das Liebeszimmer zu fragen, das bereitstand, falls jemand keine Lust auf Sex im Gemeinschaftsschlafsaal haben sollte. Somit gab es keine weiteren intimen Geständnisse, und wir konnten pünktlich um 19 Uhr beim Abendessen erscheinen. Sofort danach wollte ich schlafen gehen, obwohl ich eigentlich noch bleiben sollte, um für meinen Artikel mit echten «Einheimischen» ins Gespräch zu kommen, aber ich fand meinen Aufenthalt schon Opfer genug. Außerdem blieb Patrick im Restaurant, was allerdings bedeutete, dass ich allein über das Gelände zum Schlafraum laufen musste. Es war unheimlich, und dementsprechend erleichtert erreichte ich unseren unordentlichen Flur, in dem sich Schuhe und Jacken türmten. Aber was war denn das? In unserem Schlafsaal herrschte ein buntes Treiben: Der sächsische Sonnenschein vergnügte sich mit dem Bärtigen und dem Frischverlassenen. Ich rannte also zurück ins Restaurant, wo ich Patrick von meinem Dilemma berichtete, der das Ganze eher komisch fand und mir vorschlug, im Restaurant zu bleiben. Aber ich war kaputt vom Tag, dieses Schauspiel und meine Daueranspannung schafften mich. Etwa eine Stunde später – wieder ohne meinen Kollegen – lief ich zurück zum Schlafsaal. Die drei waren noch immer beschäftigt. Inzwischen hatten sich allerdings auch andere Seminarteilnehmer schlafen gelegt, deshalb atmete ich einmal tief durch und lief, den Blick stur auf mein Ziel gerichtet, zu meiner Matratze. Leider fand der Sex in unmittelbarer Nähe, auf einer der Nachbarmatratzen, statt. Ich wurde sogar eingeladen, mitzumachen: «Magst du rüberkommen?», fragte mich der Bärtige, der mir am Vorabend seine Gedichte vorgelesen hatte. Was für eine abstoßende Idee! Energisch schüttelte ich den Kopf und überlegte, wo ich sonst mein Nachtlager aufschlagen könnte. Das Hotel, das wusste ich, war ausgebucht, draußen, selbst im Auto, war's mir zu unheimlich, hier war ich immerhin sicher. Und während ich nachdachte und mir fest vornahm, in Zukunft auch mal einen Auftrag abzulehnen, schlief ich tatsächlich ein.

Am nächsten Morgen kam die Mütterliche auf mich zu, nahm mich fest in den Arm und erkundigte sich, ohne loszulassen, besorgt nach meinem Empfinden. «Mir geht's gut, wieso?», entgegnete ich verwundert. Befürchtete sie, das Ereignis auf der Nachbarmatratze hätte mich aus der Bahn geworfen? Nach der Morgenandacht erfuhr ich allerdings, dass sie auf etwas anderes angespielt hatte. Mein «Freund» Patrick erzählte mir, dass die Italienerin nach einem gemütlichen Abend im Restaurant plötzlich die Nacht mit ihm verbringen wollte. Die Frau mit der festen Zweierbindung? Ich staunte, wie schnell sich ihre Einstellung diesbezüglich geändert hatte. Weil Patrick Single und die Italienerin nicht nur attraktiv, sondern auch sehr nett war, hatte er zugestimmt. Also sind sie zu dritt, zusammen mit Annas Freund, aufs Hotelzimmer gegangen, haben gemeinsam eine Flasche Wein geleert, viel gelacht und geredet. Dann hat sich der Mann verabschiedet und seine Freundin mit Patrick allein gelassen. So war das also mit der freien Liebe. Das wäre nichts für mich, dachte ich. Und auch Patrick und Anna, gefangen in gesellschaftlichen Zwängen, wie es unsere Seminarleiterin ausdrücken würde, hatten sich an diesem Abend dazu entschieden, lediglich die Telefonnummern und nichts anderes auszutauschen.

Diesmal war die «Geistige Stunde» deutlich lebendiger. Der Bärtige erschien kahl rasiert und offenbarte, er sei jetzt «angekommen», woraufhin alle Seminarteilnehmer begeistert applaudierten. Frau Sonnenschein war glücklich, der Frischverlassene weniger weinerlich, und «Barbie» hatte wieder eine turbulente Nacht hinter sich. Patrick und Anna haben über ihre Erlebnisse geschwiegen, trotzdem wussten anscheinend alle Bescheid. Im Forum wurde ich gleich mehrmals für die Nacht eingeladen und fühlte mich überfordert, weil ich mit so etwas nicht gerechnet hatte. Als dann auch noch Annas Freund aufstand, um Patrick und mir einen Vierer mit ihm und seiner italienischen Freundin vorzuschlagen, nahm ich all meinen Mut zusammen und ging in die Mitte des Kreises, etwas, das mich wirklich Überwindung kostete. Ich mochte es überhaupt nicht, vor einer Gruppe zu reden und von allen angeguckt zu werden. Aber weil die Vorstellung, weitere Einladungen für die Nacht zu bekommen, noch schlimmer war, erklärte ich, dass ich für die freie Liebe nicht geschaffen sei. Ich liebte meinen Patrick und könne mir nicht vorstellen, mit anderen Männern Sex zu haben. Wenn er das mache, sei das in Ordnung, fügte ich noch hinzu, und damit war ich raus. Unsere Seminarleiterin drückte ihr großes Mitleid aus, das sie für mich und meine verkrampfte Seele empfand, was mich maßlos ärgerte – aber etwas anderes war von dieser verwirrten Tante wohl nicht zu erwarten. Nach wie vor wurde ich zwar angefasst, aber damit hatte ich mich schon fast abgefunden. Ich zählte die Stunden, wann ich meinen Körper wieder für mich haben würde und selbst bestimmen konnte, wer ihn wann berührte.

Doch vorerst erlebten wir eine Gruppensitzung, von der ein Sektenbeauftragter, mit dem wir später unseren Aufenthalt in der Kommune besprachen, behauptete, sie sei eine Art Gehirnwäsche gewesen: Paarweise mussten wir uns gegenübersetzen, wobei einer die Rolle des «Buddha» übernehmen und vorgegebene Fragen stellen sollte. Die erste lautete: «Ich bin Buddha. Wer bist du, und was willst du?» Buddha durfte während des ganzen Prozesses keine Miene verziehen, keinen Mucks sagen, niemals irgendwie reagieren, während der andere antworten sollte. Die Fragen, die die Seminarleiterin formuliert hatte, wurden mit jeder neuen Runde persönlicher. Der Sektenbeauftragte erklärte uns später das Prinzip dieser Sitzung: Dadurch, dass «Buddha» komplett stillhielt, offenbarte der Gefragte immer intimere Geschichten, um bei seinem Gegenüber endlich eine Reaktion zu provozieren. Dabei drangen die Fragen immer tiefer ins Intimleben vor, bis schließlich alle Tabus fielen und die Gefragten wirklich ihre innigsten Wünsche, Ängste und traumatischen Erlebnisse offenbarten. Währenddessen lief die Seminarleiterin von einer Paarung zur nächsten und lauschte, ob auch jeder schön hemmungslos mitmachte, bis am Ende der Sitzung sämtliche Probleme offenlagen. Nun kippte die Seminarleiterin ihre Theorie über die heilende Wirkung der freien Liebe darüber. Aufgewühlt und verletzlich saugten viele Betroffene diese Ideen auf wie ein Schwamm. Mich hat dieses Spiel nicht berührt, aber ich hatte auch Glück. Zum einen war die Mütterliche mein Buddha, die es sich natürlich nicht verkneifen konnte, mitleidig zu nicken oder mir liebevoll übers Knie zu streicheln, zum anderen war ich viel zu sehr auf meine «Legende» konzentriert und darauf, mich nicht zu verraten, als dass ich mich wirklich hätte fallenlassen können. Aber den meisten anderen Seminarteilnehmern ging diese Sitzung tatsächlich besonders nah, viele haben geweint. Patricks Partnerin war als Kind misshandelt worden, von den anderen weiß ich nichts mehr – ich war wütend, wie verantwortungslos man in dieser Sekte mit psychisch labilen Menschen umging.

In der Abschlussrunde offenbarte der Frischverlassene, dass er gerne fest in der Kommune bleiben oder zumindest einen Jahreskurs belegen wollte, woraufhin sich mehr als die Hälfte der Seminarteilnehmer für weitere Kurse oder Sommercamps anmeldete. Die Bemühungen der Sekte waren auf fruchtbaren Boden gefallen – für sie hatte sich unser Seminar gelohnt! Dagegen war für die Italienerin Anna, die sich kurze Zeit später von ihrem Freund trennte, für den Sparfuchs, der die Sekte als Bordellalternative nutzen wollte, und für Patrick und mich klar, dass dies unser einziger Besuch hier bleiben würde.

Kurz vor der Abfahrt besuchten wir noch eine Art Gottesdienst in der proppevollen Aula, bei dem zum ersten Mal offiziell über Aids gesprochen wurde. Patrick und ich saßen eingequetscht zwischen Sektenjüngern in der hintersten Reihe und konnten kaum glauben, was wir da hörten: Über Aids müsse man sich entgegen anderslautender Behauptungen keine Sorgen machen, die Scheidenflüssigkeit sei viel zu aggressiv, als dass der Virus in den Körper eindringen könnte. Aids würde lediglich durch verklemmte, enge Moralvorstellungen entstehen. Spätestens jetzt sollte doch jedem normalen Menschen auffallen, dass die hier nicht richtig tickten! Als der Gottesdienst endlich vorbei war, sauste ich, nachdem ich mich schnell von allen verabschiedet hatte, zu Patricks Auto. Es war vorbei!

Auf der Heimfahrt spürte ich, wie die Anspannung von mir abfiel. Ich war zwar nicht in Gefahr geraten, hatte aber trotzdem vier Tage unter Dauerstress gestanden. Patrick und ich überlegten, wie man die Geschichte erzählen könnte, und träumten von mehreren Teilen, die bundesweit laufen würden. Mir war in diesem Moment vor allem eines wichtig: Ich war zurück im Leben! Hurra!

Erleichtert kam ich zu Hause an und warf sofort meine gesamte Wäsche in die Maschine. Mit einer Stunde und 80 Kilometern Abstand war mein Sektenaufenthalt gar nicht mehr schauerlich, sondern nur noch abenteuerlich. Meine Mutter verwöhnte mich mit leckeren Tomatenbroten, wie früher, wenn ich von Klassenfahrten zurückgekommen war, und staunte über das, was ich erlebt hatte. Mein Freund dagegen hatte schlechte Laune. Er fand es schrecklich, dass ich mich für meine «herz- und geistlose Tätigkeit» sogar in Sex-Sekten einschlich. «Wo ist deine Grenze?», fragte er und ich konnte ihm nichts dazu sagen. Ich wusste es nicht.

Obwohl es gegen seine Überzeugung ging, hat er mir trotzdem immer geholfen. Er war zwischen seiner Loyalität mir gegenüber und der Ablehnung gegen meine neue Arbeit hin- und hergerissen und ließ sich einmal sogar dazu überreden, sich für eine Umfrage zur Verfügung zu stellen. Doch dazu später mehr.

Am Tag nach meiner bisher aufopferungsvollsten Recherche betrat ich stolz die Redaktion – ich war eine echte investigative Journalistin! Eine Heldin! Dachte ich. Alle waren gespannt auf unsere Geschichte, und wir erzählten sie gerne, immer und immer wieder, den ganzen Tag lang. Mein Tischnachbar Roger war beinahe traurig, dass er nicht mitgefahren war: Freie Liebe, das hätte dem Hallodri gefallen! Die Mühe, Frauen mit einem Fototermin zu ködern, hätte er sich dort sparen können.

Die Sektengeschichte war eine «große Nummer». Schon allein die Tatsache, dass wir zu zweit für mehrere Tage weggeschickt worden waren, zeigte, wie wichtig den Chefs die

Geschichte war. Patrick und ich entwarfen ein Konzept für eine mehrtägige Serie. Der erste Teil sollte «Was ist das für eine Sekte?» heißen, der zweite: «Was passiert da?», der dritte: «Wie funktioniert Gehirnwäsche? Droge Sekte» und der vierte: «Opfer erzählen». Die Opfer hätten wir allerdings noch recherchieren müssen, aber der Sektenbeauftragte, den wir nun anriefen, sagte uns sofort seine Hilfe dafür zu. Wir waren allerbester Dinge – bis wir ins Büro gerufen wurden. Dort saßen unsere Chefs mit dem Kontaktbogen der Fotos in der Hand, und die Enttäuschung stand ihnen ins Gesicht geschrieben: «Da ist kein Sex zu sehen!», stellten sie vorwurfsvoll fest. Natürlich nicht. Ich hatte nicht mal daran gedacht, meine Matratzennachbarn bei ihrer Orgie zu fotografieren! Und damit war die Geschichte gestorben. Und wir auch. Zumindest für diesen Tag.

Immerhin fühlte ich mich diesmal nicht unfähig oder als schlechte Journalistin – ich fühlte mich ungerecht behandelt! Hatten die Chefs wirklich geglaubt, man könne da einfach mit einem Fotoapparat übers Gelände ziehen und die Leute beim Sex fotografieren? Das war nicht mal in dieser seltsamen Sekte möglich.

Aus unserer Geschichte wurde also keine Serie, sondern gar nichts. Sie war nicht mal eine kleine Meldung wert. Ich war enttäuscht und verständnislos und überlegte, wie sich meine Chefs wohl bei einer solchen Geschichte angestellt hätten. Und zum ersten Mal ließ ich mich nicht durch die Abwertung meiner Vorgesetzten verunsichern, sondern blieb überzeugt, bestmöglich gearbeitet zu haben, auch wenn ich natürlich nicht offen gegen die Einschätzung meiner Chefs protestierte.

Am nächsten Tag saß ich daher wieder ganz normal mit allen anderen in der Konferenz und musste mir Themen aus den Fingern saugen. Wenn uns gar nichts anderes einfiel, schlugen wir Umfragen oder Fotogeschichten vor: «Schaut her, meine ersten Sommersprossen!», «Meinen Blumenstrauß schenke ich ...», «Liebes-Aus nach Sommerurlaub», «Das sind meine Urlaubsfotos» ... Die Chefs planten für solche «optischen Themen» meist viel Platz auf der Seite ein, dementsprechend stark lastete der Druck auf denen, die sie umsetzen mussten. Einmal wagte es eine Praktikantin tatsächlich, zurück in den Verlag zu kommen, ohne ausreichend Leute für ihre Umfrage nach alten Urlaubslieben gefunden zu haben. Mit großen Augen schaute sie den Redaktionsleiter an und erläuterte: «Die Leute wollten dazu nichts sagen. Aber ich fahre morgen gerne nochmal raus.» Herr Erzbach war außer sich, ich hatte ihn noch nie so sehr in Rage erlebt: Er tobte und fluchte und schmiss die «faule» Praktikantin sofort raus. Ich dachte, sie hätte sich vielleicht wirklich nicht ausreichend bemüht, und fuhr am nächsten Tag optimistisch zum Alexanderplatz, um die Passanten nach alten Urlaubslieben zu fragen. Anfangs habe ich natürlich artig auf der Straße gestanden und die Leute angesprochen. Doch die meisten liefen sofort davon, wenn ich sagte, für welche Zeitung ich arbeitete. Der Fotograf gab mir den Tipp, lieber nur den Verlag zu nennen: «Guten Tag, wir machen eine Umfrage für den Springer-Verlag ...» Und tatsächlich: Es blieben schon mehr Leute stehen. Doch noch immer nicht genug. Ich wurde unruhig, das war viel schwieriger, als ich erwartet hatte. Der Fotograf schlug vor, einfach, wie es angeblich viele meiner Kollegen taten, ausländische Touristen zu fotografieren, denen könnte ich dann jeden Text anhängen, da sie die Bild höchstwahrscheinlich ohnehin nicht lasen. Ich wehrte mich nur sehr kurz gegen diese Idee, zu groß war die Angst vor der Reaktion meiner Chefs, wenn ich die Geschichte ebenfalls nicht «rund» kriegen sollte. Und so wurde aus dem südafrikanischen Straußenzüchter der Charlottenburger Bäcker Rudolf K. (54) und aus der New Yorker Börsenmaklerin die Verkäuferin Jeanette M. (33).

Im Laufe der Zeit wurden Straßenumfragen zu meiner Königsdisziplin. Einmal nötigten meine Fotografin und ich sogar Freunde, sich fotografieren zu lassen: Mein Freund musste eine Kommilitonin als neue Freundin präsentieren, der Freund meiner Fotografin hielt das zerrissene Foto seiner verlassenen Ex vor die Linse …

Unsere Freunde schüttelten den Kopf über unsere Arbeit und fühlten sich obendrein in ihrer Meinung über die Bild-Zeitung bestätigt, dennoch machten sie uns zuliebe mit. Dass die Fotografen diese Schummeleien unterstützten, lag daran, dass auch sie keinen Ärger bekommen wollten, außerdem wurden sie nach der Anzahl ihrer Fotos bezahlt: Je mehr Bilder sie in der Zeitung hatten, desto besser verdienten sie. Natürlich gab es auch wahre Fotogeschichten, doch meistens fand man nicht genügend Leute, die bereit waren, unsere Fragen zu beantworten. Ich rechtfertigte mein Vorgehen damit, dass es bei solchen sinnbefreiten Themen ohnehin nicht auf den Wahrheitsgehalt ankäme.

Heute bin ich tief entsetzt über meine Moral in dieser Zeit. Ich hatte es eingangs schon erwähnt: Ich halte mich wirklich für einen einfühlsamen und aufrichtigen Menschen. Trotzdem erschien mir mein Verhalten damals wenig verwerflich. In dem Mikrokosmos, in dem ich mich befand, war diese Vorgehensweise normal, sogar die Chefs dehnten und drehten die Wahrheit, so gut es ging. Aus jedem einigermaßen wohlhabenden Protagonisten wurde in der Schlagzeile ein «Millionär», aus besonders alten Dingen zuverlässig «das Älteste» und einem 13-jährigen Jungen, der gerade sein erstes Theaterstück geschrieben hatte, wurde als Überschrift das Zitat «Brecht war gut, aber ich bin besser» angedichtet. «Übertreiben veranschaulicht» hieß unsere Parole. Natürlich strengte mich das an. Ich erinnere mich an eine Geschichte mit dem Naturschutzbund: Der hatte eine Meldung herausgegeben, dass es immer weniger Kiebitze gab, weil den Vögeln in den Städten ihr Lebensraum genommen wurde. Ich rief den Pressesprecher vom NABU an, der in einem Nebensatz erwähnte, dass Kiebitze in Frankreich eine Delikatesse seien. In Bild wurde daraus die Schlagzeile: «Jäger schießen unsere Kiebitze tot», und im Text ging's weiter: «Wer noch nie einen Kiebitz gegessen hat, hat noch nie einen guten Bissen auf dem Teller gehabt – französisches Sprichwort ...».

Eigentlich achtete ich während meiner ganzen Bild-Zeit darauf, am Tag nach einer Geschichte nicht erreichbar zu sein, doch der NABU-Pressesprecher erwischte mich trotzdem am Telefon. Er war stinksauer und versprach, nie wieder mit der Bild zu reden. Und obwohl das eigentlich keine große Sache war, habe ich bis heute ein schlechtes Gewissen. Er war das einzige «Opfer», das mir mein Fehlverhalten sehr heftig ins Bewusstsein rückte. Trotzdem machte ich weiter: Ich hatte immer vor Augen, dass ich mindestens ein Jahr durchhalten musste, um weiter als Journalistin arbeiten zu können – und dieses Jahr wollte ich schaffen. Ich mochte das Schreiben, längst stand für mich fest, dass ich Redakteurin werden wollte. Meine Studienidee hatte ich vorerst ad acta gelegt. Schon deshalb brachte ich nie den Mut auf, den Chefs zu sagen, dass ein Thema entweder gar nicht, zumindest aber nicht so schnell umzusetzen wäre, zumal auch alle anderen Redakteure ihre Geschichten «rund» bekamen, wie auch immer sie das anstellten ... Von einigen wusste ich, dass sie ebenfalls mauschelten, bei anderen konnte ich es nur vermuten.

Kurze Zeit später bekamen ein neuer Kollege und ich zusammen einen Auftrag, der uns beide aufatmen ließ. Er war so harmlos, wie er für die Bild nur sein konnte: Wir sollten Berlins Inselwelt vorstellen. Trotzdem bescherte uns ausgerechnet diese Geschichte einen Rüffelbrief von Friede Springer, womöglich den einzigen, den sie jemals an einen Redakteur geschrieben hat – zumindest habe ich nie von einem anderen gehört. Und das kam so: Mein neuer Kollege Christian war jünger als ich und mindestens ebenso engagiert. Gemeinsam sollten wir die «optische», also bilderstarke, Insel-Geschichte realisieren. Deshalb riefen wir im Archiv an und bestellten dort alles, was im Springer-Verlag jemals über Berliner Inseln berichtet wurde. Das schrieben wir stumpf ab. Es gab offenbar insgesamt 35: die Pfauen-Insel, die Spree-Insel, die Abtei-Insel … Über jede schrieben wir einige Informationen zusammen, etwa so: «Schwanenwerder ist der Tummelplatz der Reichen. 1898 entdeckten Berliner Bankiers das 25 Hektar große Eiland für sich … Heute ist hier unter anderem Didi Hallervorden zu Hause – und die Abgeschiedenheit vorbei. Viele Jugendliche kommen Promis gucken.» Die passenden Fotos fanden wir ebenfalls im Archiv, und so dauerte es nicht lange, bis der Artikel fertig war. Die Mühe, irgendwo anzurufen, um die zum Teil schon recht alten Daten zu verifizieren, machten wir uns nicht. Wir kamen nicht mal auf die Idee, das zu tun, was wohl daran lag, dass wir beide noch keinerlei journalistische Ausbildung genossen hatten. Sonst hätten wir gewusst, dass jeder Journalist seine Informationen nachrecherchieren und vorsichtshalber lieber noch eine zweite Meinung einholen sollte, anstatt etwas Falsches zu schreiben. Eine Internetrecherche, wie sie heute üblich ist, gab es damals noch nicht. Für uns stimmte das, was im Archiv stand. Wir waren ziemlich zufrieden mit unserer Arbeit, die beinahe eine ganze Bild-Seite füllte: «35 Insel-Träume – mitten in Berlin».

Drei Tage später kam mir Christian aufgeregt entgegen, als ich in den Redaktionsflur einbog. Wir hätten Post von Friede Springer bekommen, erzählte er. Ich konnte mir das nicht erklären. Was hatten wir denn mit Friede Springer zu tun? Christians zerknirschter Blick verriet, dass der Brief für ihn Katastrophenpotenzial hatte; entsetzt las ich:

«Sehr geehrte Frau Dombrowski, sehr geehrter Herr Haubach, auf Schwanenwerder befinden sich sechs Jugendlager und das Aspen Institut. Didi Hallervorden lebt schon seit zehn Jahren in Frankreich. Kein einziger Promi ist auf dieser Insel zu finden. Das nur zur Richtigstellung ... Also, es ist wirklich nichts Exklusives dort zu finden.

Mit freundlichen Grüßen von Ihrer Friede Springer».

Wie peinlich! Dieser Brief wurde DAS Gesprächsthema der nächsten Tage. Alle zogen uns permanent mit unserem «Superkontakt» nach oben auf. Sogar die Chefs trugen den Brief mit Fassung und scherzten mit den anderen Kollegen über uns. Nur Christian und ich waren kleinlaut und spürten sehr deutlich den Mangel an journalistischer Erfahrung und Gewissenhaftigkeit. Wir waren, freundlich ausgedrückt, zu «verspielt».

Trotz dieses Patzers passierte, worauf ich still und heimlich gehofft hatte: Während die anderen Praktikantinnen zum vereinbarten Termin die Bild verließen, bot mir mein Redaktionsleiter einen Pauschalisten-Vertrag an. Ich strahlte ihn an. Es störte mich gar nicht, dass er auf vier Monate befristet war, eine Länge – oder besser Kürze –, die selbst im Medienbereich eher selten war. Aber egal: Für 150 Mark am Tag war ich nun eine echte Redakteurin und erhielt sogar eigene Visitenkarten. Meine Kollegen freuten sich mit mir und ermutigten mich, nun endlich eine Bewerbung an die Springer-Journalistenschule zu schicken. Die Notwendigkeit einer solchen Ausbildung war mir bewusst, da mir eindeutig der journalistische Hintergrund fehlte, allerdings hatte ich gehört, wie schwierig es war, einen der begehrten Plätze zu ergattern. Meine Kollegen versprachen, mich bei der Bewerbung zu unterstützen. Sogar der unterkühlte Redaktionsleiter rief für mich in Hamburg an, um zu betonen, wie sehr er meine Aufnahme an der Journalistenschule befürworten würde, während Roger mir beim Schreiben

der Bewerbungstexte half. Mein Zwischenzeugnis las sich großartig, und gemeinsam fieberten alle der Antwort aus Hamburg
entgegen.

Wenige Wochen später stattete uns ein Mann aus der
Hamburger Chefredaktion seinen Besuch ab. Ich wusste von
ihm, dass er schon Kollegen aus der Westberliner Redaktion zu
einem Volontariat verholfen hatte; ein korpulenter Mann mit
einer fleischigen Nase, der so grimmig schaute, dass er in jedem
Krimi den Bösewicht hätte mimen können. Trotz seines eher
furchteinflößenden Äußeren entpuppte er sich als charmanter,
witziger Gesprächspartner. Roger und ich saßen gerade an unserem Schreibtisch, als er sich zu uns gesellte. Erst sprachen
wir belanglos über dies und das, dann wandte er sich an mich:
«Wollen wir heute Abend essen gehen und uns über das Volontariat unterhalten?» Da ich ahnte, was er sich von diesem
«Abendessen» versprach, und ich mir die peinliche Situation,
mich gegen einen wollüstigen Chef verteidigen zu müssen, ersparen wollte, antwortete ich, dass ich leider keine Zeit hätte.
Doch er ließ nicht locker: «Wir könnten uns auch am nächsten
Abend über dein Volontariat unterhalten.» Auch da hätte ich
keine Zeit, ließ ich ihn wissen, woraufhin er entgegnete, dass er
das schade fände, und das Büro verließ. Roger starrte mich an:
«Hast du nicht verstanden, was er von dir wollte?» «Doch!»,
sagte ich. «Und warum hast du dich dann nicht mit ihm verabredet?» «Weil ich das so nicht möchte.» Und damit war das
Thema für mich vom Tisch. Es war ein offenes Geheimnis,
dass solche «Abendessen» mitunter zu einem Volontariat ver-
halfen, trotzdem war ich erstaunt, dass der Chefredakteur mich
so offen im Beisein meines Kollegen angesprochen hatte. Noch
erstaunter war ich allerdings, dass es der branchenerfahrene
Roger offenbar normal fand, Karrierefragen auf diese Art zu
klären.

«Der Todesarzt – Wie viele Frauen hat er zerstückelt?»

Es war Donnerstag, der 16. Mai. Das «Gumo» und die «Bezis» waren bereits geschrieben und zu den Chefs geschickt. Jetzt saß ich vor einem riesigen Stapel Brandenburger Lokalzeitungen, als plötzlich das Telefon klingelte. Nicht mein Apparat, sondern das Bild-Telefon. Es stand seit Neuestem auf meinem Tisch, weil die Chefs meinten, ich könne mich ruhig darum kümmern. Puh! Solche Anrufe konnten unglaublich lästig sein, ich musste mir mitunter die langweiligsten Geschichten anhören: private kleine Streitereien, Wutausbrüche über die spielenden Kinder des Nachbarn oder unfreundliche Verkäuferinnen, Ärger über die Telefonrechnung, Ärger über die Autohausrechnung … Nur ganz, ganz selten erzählten die Anrufer eine Geschichte, die für uns interessant war. Diesmal hatte ich wieder Pech: Eine Frau aus Ostberlin hatte ein Ufo gesehen, mitten in der Nacht. Fotos hatte sie allerdings keine gemacht. Aber sie war ganz sicher, ein Raumschiff gesehen zu haben. Bei dem ersten Ufo-Anrufer war ich noch ganz aufgeregt und dachte, ich hätte eine Supergeschichte aufgetan, aber die Chefs winkten nur ab. Und inzwischen wusste ich auch, wieso: Es wurden ständig Ufos beobachtet, mehrere pro Woche. Während die Frau am Telefon mir von riesigen Lichtern erzählte, sah ich aus dem Fenster – am liebsten hätte ich Feierabend gemacht. Aber wir mussten jeden Tag mindestens so lange bleiben, bis unsere Texte redigiert waren, und das war frühestens am Nachmittag. Der aufgeregten Frau am Telefon erklärte ich, dass wir die Geschichte ohne Fotos leider nicht machen könnten, deshalb sollte sie beim nächsten Mal unbedingt ein paar Bilder schießen. Dann legten wir auf. Ich wollte mich gerade wieder den Lokalzeitungen widmen, als es bei den Polizeiredakteuren im Nachbarbüro unruhig wurde. Sie hatten gerade erfahren, dass ein Berliner Hautarzt festgenommen worden war. Die Vermutung: Er könnte der Havel-Ripper sein, nach dem die Polizei schon seit zwei Jahren suchte! Drei Morde an jungen Prostituierten sollten auf sein Konto gehen. Ihre Leichen waren zerstückelt, die Leichenteile in die Havel oder in Papierkörbe an der Autobahn geworfen worden.

Nach einer solchen Meldung musste es unglaublich schnell gehen: im Archiv anrufen, Havel-Ripper-Artikel bestellen, ein paar Kollegen müssen rausfahren, die anderen von der Redaktion aus recherchieren. Die Polizei hatte ein Kürzel bekannt gegeben: Dr. Stefan S. aus Berlin-Steglitz. Da das Verhältnis zu den Berliner Polizeisprechern weniger gut war als das zu den Brandenburgern, mit denen meine Kollegen zur Kontaktpflege gerne mal ein Bier trinken gingen, gab es diesmal keine detaillierteren Informationen. Sämtliche Kliniken mussten abtelefoniert werden, ob dort ein Hautarzt mit diesem Kürzel arbeitete, bis ein Kollege rief: «Gefunden! Ich habe das Krankenhaus.» Solche Außentermine für Crime-Geschichten mochte ich überhaupt nicht, und dementsprechend unglücklich war ich, als die Chefs ausgerechnet mich in die Klinik schickten, um mit Arztkollegen über Dr. Stefan S. zu sprechen und bestenfalls noch sein Foto zu besorgen. Die Jagd war eröffnet! Immerhin war ich diesmal einem Täter und nicht dem Opfer auf der Spur, das fühlte sich ein bisschen besser an. Trotzdem: Wie sollte ich den schockierten Kollegen des Arztes erklären, warum sie mir unbedingt ein Foto von Stefan S. geben sollten? Es gab keinen vernünftigen Grund dafür, den Täter zu zeigen, schließlich war er nicht auf der Flucht, sondern gefasst. Sein Foto sollte lediglich den Voyeurismus der Leser bedienen, aber das konnte man so ja nicht sagen.

Die Klinik war riesig. Unsicher machte ich mich auf die

Suche nach der Station des mutmaßlichen Prostituiertenmörders und fürchtete, schon die Frage nach der Dermatologie würde mich als Reporter entlarven. Was für ein Irrglaube, in dem ich mich permanent befand! Als ob alle Welt ständig nur auf die Bild warten würde! Aber da ich zu dieser Zeit nur die Bild im Kopf hatte, dachte ich wohl, es müsste allen anderen genauso gehen.

Mit dem Fahrstuhl fuhr ich in die dritte Etage zur dermatologischen Station, ging durch eine Glastür und stand plötzlich dort, wo der vermeintliche Havel-Ripper bis zu seiner Festnahme gearbeitet hatte. Auf dem Gang entdeckte ich eine Krankenschwester, die mich freundlich begrüßte. Nachdem ich mich vorgestellt hatte, wollte sie mich nur noch loswerden. Ich konnte ihre Reaktion gut verstehen und versuchte, meine Situation erklären: «Wir müssen heute den Artikel schreiben, natürlich ist sein ehemaliger Arbeitsplatz unsere erste Anlaufstelle ...» Doch sie unterbrach mich: «Hören Sie: Ich kann Ihnen nichts sagen, er war ein Einzelgänger. Es hatte kaum einer Kontakt zu ihm.» Schon diesen zwei kurzen Sätzen, die mir die Krankenschwester entgegenschleuderte, um mich abzuwimmeln, entnahm ich die nötigen Informationen: «Er war ein Einzelgänger», erzählte ich meinen Chefs, die dann im Zeitungsartikel schrieben: «... er war ein sehr verschlossener Typ. Ein Einzelgänger. Noch ein Stück im Puzzle der Kripo. In der Kriminalpsychologie bekannt: Männer, die sich von Frauen zurückgewiesen fühlen, rächen sich mitunter grausam ...» Aus den kleinsten Details ließ sich auf diese Weise ein spannender Bericht schreiben. Deshalb: Wer nicht zitiert werden möchte, sollte am besten sofort auflegen, wenn ein Bild-Redakteur anruft!

Es war bereits Abend, als ich mich von einer Telefonzelle aus in der Redaktion meldete, deshalb hatte ich gehofft, nun in den Feierabend entlassen zu werden. Stattdessen wurde ich zu einer neuen Adresse geschickt. Meine Kollegen hatten inzwischen herausgefunden, wo der Hautarzt gewohnt hatte, dort sollte ich hinfahren. Seine Wohnung lag in einem teuren und vornehmen Stadtteil Berlins. Ich parkte an einer Hauptstraße und musste dann etwa fünfzig Meter durch eine Grünanlage zu dem Wohnhaus von Dr. Stefan S. laufen. Es war gruselig. Rechts und links standen dichte Büsche. In den umliegenden Häusern brannte kein Licht, die meisten Anwohner schliefen wohl schon. Ich musste daran denken, dass der Hautarzt die Prostituierten vermutlich hierher verschleppt hatte, um sie anschließend mit seinem Laser-Skalpell zu zerstückeln. Mir wurde immer unheimlicher zumute. Eigentlich bin ich ohnehin eher ängstlich und würde im Dunkeln nur in äußersten Notfällen durch eine Grünanlage spazieren. Aber mit einem «Auftrag» im Kopf ignorierte ich diese Angst. So, als wäre ich im Job unantastbar. So, als könne ich nur in der Freizeit überfallen werden.

Endlich am Haus angekommen, fragte ich mich, ob ich um diese Zeit überhaupt noch klingeln dürfte, tat es dann aber doch. Und tatsächlich drückte einer der Nachbarn den Türsummer – ich war im Haus. In der vierten Etage fand ich die Wohnungstür des Hautarztes. Sie war von der Polizei versiegelt. Keiner der Nachbarn wollte mit mir reden. Kein Wunder, es war ja bereits Schlafenszeit. Normalerweise war die Bild-Zeitung um diese Uhrzeit längst im Druck, aber bei solchen Ereignissen konnte der verschoben werden. Leider brachte ich nichts in Erfahrung außer, dass die Wohnungstür grün und von der Polizei versiegelt war. Unzufrieden stieg ich die Treppen hinunter und stand plötzlich vor den Briefkästen der Hausbewohner. Natürlich hatte auch Dr. Stefan S. hier seinen Briefkasten. Ich überlegte, ob ich darin vielleicht etwas finden würde, was uns weiterhelfen könnte – etwa Briefe von Freunden oder Verwandten, dann hätten wir zumindest neue

Anlaufstellen. Von Kollegen wusste ich, dass sie hemmungslos Briefkästen ausgeräumt hatten und Schlimmeres: Manche prahlten mit ihrer Gewissenlosigkeit, wenn sie beispielsweise an Unfallorten Bilder aus den Brieftaschen der Toten oder Fotos aus den Bilderrahmen der Angehörigen stahlen. Denn erst mit den Gesichtern von Opfern und Tätern gilt ein Boulevardbeitrag als «rund». Ich entschied mich, nicht so weit zu gehen, anderen Leuten den Briefkasten leer zu räumen, und öffnete die Haustür. Kurz überlegte ich, ob es noch irgendetwas in diesem Haus zu tun gäbe; aber da mir nichts einfiel, ließ ich die Tür ins Schloss fallen und rannte blitzschnell durch den kleinen Park zu meinem Auto.

Schnurstracks fuhr ich zum Verlag und sauste sofort hoch an den «Balken». Der «Balken» ist der Raum, in dem aus den einzelnen Fotos und Beiträgen eine Zeitung entsteht, in diesem Fall der Lokalteil Berlin-Brandenburg der Bild. Rechts im Gang hingen die von den Graphikern bereits fertig «gebauten» Zeitungsseiten. Hier konnte man schon mal sehen, wie das Blatt am nächsten Tag aussehen würde. Geradeaus saßen, mit dem Rücken zur Tür und dem Blick in den Raum, die Chefs der Ost- und West-Ausgaben an einem langen Schreibtisch und redigierten die Artikel der Redakteure. Hier am «Balken» entstanden auch die typischen Bild-Schlagzeilen; bei uns übrigens häufig mit Hilfe der Graphiker, die ebenfalls in diesem Raum arbeiteten.

Heute ging ich direkt zu meinem Redaktionsleiter. Wenn die Informationen so spät kamen, schrieb er den Text selbst. Ein Foto des Hautarztes hatten wir leider nicht, dafür aber aus dem Archiv mehrere Bilder der ermordeten Prostituierten: «Drei Frauen zerstückelt – Berliner Arzt verhaftet», so lautete die Schlagzeile, die am nächsten Tag auf Seite 1 erschien. Bundesweit und nicht nur im Berlin-Brandenburger Lokalteil wie sonst. Leider wurde ich in der Autorenzeile nicht mit genannt, da zu viele an der Geschichte mitgearbeitet hatten und mehr herausgefunden hatten als ich. Schade.

Am nächsten Tag ging es früh weiter, ich fuhr gar nicht erst in die Redaktion. Inzwischen wussten wir, dass nicht – wie am Vortag behauptet – jemand aus dem Rotlichtmilieu den Tipp mit dem Hautarzt gegeben hatte. Tatsächlich hatte eine Prostituierte schwer verletzt aus seiner Wohnung flüchten und die Polizei alarmieren können. Unsere Aufgabe war es also, diese Prostituierte zu finden. Sie hieß Ramona C. und war 29 Jahre alt, mehr Informationen hatten wir nicht. Ich fuhr zum «Billigstrich» an der Kurfürstenstraße. Die Frauen, die hier standen, sahen höchstens aus der Ferne appetitlich aus und selbst das eher selten. Sie hatten unreine Haut, schlechte Zähne, und viele waren aufgrund ihres Drogen- oder Alkoholkonsums kaum ansprechbar oder schlecht zu verstehen. Ich bin ziemlich behütet in einem liebevollen Elternhaus groß geworden, wurde, bis ich zehn war, regelmäßig zur Schule gefahren, spielte Tennis im Verein und lebte in einem kuscheligen Randbezirk von Berlin. Solche Damen hatte ich bisher nur im Vorbeifahren neugierig bestaunt, nun stand ich mit ihnen auf der Straße und versuchte, den Aufenthaltsort von Ramona C. herauszufinden. Zunächst sah es so aus, als sollte ich Glück haben: Ich erfuhr, dass die Gesuchte in einem Appartement-Haus in Kudamm-Nähe leben sollte. Appartement-Haus? Das klang ja schick. Ich fuhr mit meinem roten Seat sofort zur genannten Adresse. Das Haus fand ich auf Anhieb, aber wollte ich da wirklich rein? Es sah überhaupt nicht schick aus, ganz im Gegenteil. Düstere Gestalten lungerten vor dem Eingang herum. Hinter vergitterten Fenstern lag so etwas wie ein Pförtnerzimmer, aber das kleine Kabuff war nicht besetzt. Die schwere Eingangstür aus Stahl vermittelte das Gefühl, dass jeder, der hinter ihr verschwand, die sichere Welt verlassen und sich dem, was dort lauerte, hilflos ausliefern würde. Also blieb ich noch eine Weile im Auto sitzen, um Mut zu fassen – die wohlbehütete Redaktions-Püppi mit dem rund gefönten Pagenkopf.

Erst als die nach mindestens hundert Jahren Gefängnisstrafe aussehenden Typen vor dem Haus verschwanden, gab ich mir einen Ruck und stieg aus meinem Wagen. Schließlich wollte ich Ramona C. finden. Mit Herzklopfen tippelte ich über die Straße und bedauerte, noch immer kein Handy zu besitzen, mit dem ich wenigstens irgendjemandem hätte sagen können, wo ich mich gerade befand. Das würde die Suche erleichtern, falls ich nicht wieder auftauchen sollte – ein schauerlicher Gedanke.

An dem Haus gab es keine Klingeln, aber die schwere Tür ließ sich problemlos öffnen. Bevor ich sie ins Schloss fallen ließ, sah ich mich noch einmal um. Würde sich die Tür wohl auch von innen wieder problemlos öffnen lassen? Ich drückte zum Test die Klinke nach unten, es schien zu funktionieren. Direkt neben der Eingangstür erlaubte ein weiteres vergittertes Fenster den Blick ins leere Pförtnerbüro, und ich konnte mir nur allzu bildlich vorstellen, was für Gestalten hier wohnten, dass sogar der Pförtner geschützt werden musste. Erschüttert betrachtete ich den Treppenaufgang, der in etwa so gastlich wirkte wie ein besonders gammeliges Parkhaus-Treppenhaus. Mit einem mulmigen Gefühl ließ ich nun endgültig die schwere Tür los, die laut krachend ins Schloss fiel. Mein Herz klopfte bis zum Hals.

Das Klappern meiner hochhackigen Schuhe hallte durch das Treppenhaus. Im ersten Stock gelangte ich in einen langen Flur, in dem ein buntes Treiben herrschte. Kinder spielten, schrien und lachten. Ich klingelte an der Tür, die genau gegenüber dem Treppenhaus lag, doch es machte niemand auf. Links endete der Gang in einer Küche, die anscheinend von der gesamten Etage genutzt wurde. Dort entdeckte ich eine Frau, die leider kein Deutsch sprach, mich aber neugierig musterte. In diesem Haus war ich ganz offensichtlich ein Fremdkörper, ich musste wie jemand aus einer anderen Welt wirken.

Wieder klingelte ich an einer Tür. Diesmal öffnete eine junge Frau mit strähnigem Haar, schlechten Zähnen und einer rauchigen Stimme. Auf der Kurfürstenstraße stand sie auch immer, erklärte sie freimütig, aber eine Ramona kenne sie nicht. Oder sie wollte es mir nicht sagen. Ich klingelte an der nächsten Tür. Diesmal öffnete ein kleiner Mann, der leider ebenfalls kein Wort Deutsch sprach. Mit einer Handbewegung lud er mich freundlich in sein Reich ein, doch ich blieb scheu an der Türschwelle stehen. Auch die Frau, die hinter dem Mann mit mehreren Kindern am Boden saß, winkte mir energisch zu, ich solle mich doch zu ihnen setzen. Offenbar gab es gerade Essen, denn die ganze Familie hatte sich um einen riesigen Topf versammelt. Das Zimmer war vielleicht zwanzig Quadratmeter groß, und den vielen Matratzen und Decken nach zu urteilen, lebte die Familie hier zu zehnt in diesem kleinen Raum. Doch schien sie das nicht sehr zu bekümmern, sie lachten mich herzlich und fröhlich an und wollten mich unbedingt zum Essen einladen. Obwohl es mir leidtat, das Angebot abzulehnen, schüttelte ich den Kopf und ging weiter.

Die Tür nebenan öffnete eine Frau, die stark nach Alkohol roch. Sie hatte keinen einzigen Zahn mehr im Mund. Ihre Wohnung war noch kleiner als die davor, sie bestand offenbar nur aus einem Raum, und der war mit einem Schrank und einem Doppelbett komplett voll, es ließ sich gerade noch die Tür öffnen. Am Fenster stand ein Mann und rauchte. Wohnten sie etwa zu zweit hier? Ich war schockiert, versuchte aber mein Entsetzen zu überspielen und fragte nach Ramona. Die Frau war kaum in der Lage, mir zu antworten, aber ich entnahm ihrer Gestik, dass sie mir nicht weiterhelfen konnte, und war froh, als sie wieder die Tür schloss. Es war bestimmt naiv, aber ich hatte mir bis dahin wirklich nie vorstellen können, wie elend man in Deutschland leben konnte. Die Erinnerung an dieses Haus hat sich tief in mein Gedächtnis eingebrannt.

Ich musste eine Weile suchen, bis ich eine Telefonzelle fand, von der aus ich in der Redaktion anrufen konnte, um mitzuteilen, dass ich möglicherweise das Wohnhaus der Gesuchten gefunden hatte, sonst aber leider nichts. Dafür war mein junger Kollege Christian erfolgreich: In einer medizinischen Fachzeitschrift hatte er ein Foto des Hautarztes gefunden. Die Geschichte landete wieder bundesweit auf Seite 1 mit dem Titel: «Der Todesarzt – wie viele Frauen hat er zerstückelt?» Und diesmal wurde auch ich in der Autorenzeile genannt. Meine erste deutschlandweite Nennung! Ich freute mich sehr, musste aber noch immer mit Entsetzen an dieses grauenhafte Haus und die herzliche Familie denken, die mich hatte einladen wollen, obwohl sie so arm war.

Am Abend erzählte ich meinem Freund und meiner Mutter davon. In der Redaktion hätte ich nicht über meine Erschütterung gesprochen, da gaben wir uns eher cool und unberührbar. Die weinerliche, zweifelnde Kerstin gab es nur zu Hause – oder höchstens mal bei Moni Schmitz im Sekretariat.

«3500 Frauen wollen diesen Mann»

Es war sonnig und warm, und ich hatte ein paar Tage frei. Meine Mutter fragte mich, ob ich nicht mit ihr und meinem kleinen Bruder zu meinem Onkel nach Minden fahren wollte. Ich fuhr gerne mit, auch wenn ich schon wusste, was dort auf mich zukommen würde. Mein Onkel ist ein intellektueller Sozialdemokrat und absoluter Bild-Gegner. Er ließ keine Gelegenheit aus, über meinen neuen Arbeitgeber zu lästern. So auch diesmal: Schon beim ersten Abendessen ging es los mit Sticheleien gegen das «Schundblatt mit den Lügengeschichten». Das wollte ich nicht auf mir sitzen lassen. Ich entgegnete, dass nicht wirklich gelogen, sondern höchstens ein bisschen schärfer formuliert werden würde: «Übertreiben veranschaulicht». Mein Onkel schüttelte nur den Kopf über so viel Naivität – er hielt das Blatt für Volksverdummung. Ich hingegen argumentierte, wie ich es schon von meinen Kollegen gehört hatte: «Wenn es die Bild nicht gäbe, würden ihre Leser trotzdem nicht die ‹Süddeutsche› kaufen. Sie würden einfach gar keine Zeitung mehr lesen. Und das wäre ja wohl auch nicht besser.» Mein Onkel erwiderte, dass das wahrscheinlich durchaus besser wäre, da die Menschen dann wenigstens nicht fehlinformiert werden würden: «Selbst wenn die Bild jedem kostenlos ins Haus geliefert werden würde, nähme ich alle Kosten und Mühen auf mich, um sie abzubestellen. Hauptsache, ich hätte sie nicht im Briefkasten.»

Mich berührte das nicht, ich war stolz auf meine neue Arbeit, die so viel spannender und glamouröser war als meine alte Tätigkeit im Reisebüro. Wahrscheinlich hätte ich sogar Bild-T-Shirts getragen und mir meine neue Visitenkarte auf die

Stirn geklebt, um jedem zu zeigen, wie verbunden ich diesem Blatt war. Übrigens auch ein Phänomen, das häufig bei Sektenanhängern festgestellt wird: Je heftiger die Kritik von außen, desto intensiver die Bindung an die Gruppe. Wobei ich die Bild natürlich nicht mit einer Sekte vergleichen möchte!

Auf jeden Fall freute ich mich nach ein paar Tagen Diskussions-Urlaub sehr, meine Redaktion wiederzusehen. Gutgelaunt bog ich um kurz vor neun in den Redaktionsflur ein und lief ausgerechnet Herrn Erzbach in die Arme: «Guten Morgen! Wissen Sie schon Bescheid?», fragte er mich. Ich sah ihn verdutzt an: «Wovon Bescheid?» «Lassen Sie sich das von Christoph erklären.» Und schon war er wieder verschwunden. «Von Christoph erklären» – das war kein gutes Zeichen, immerhin war er ein Polizeireporter. Sollte ich mich etwa wieder auf irgendwelche Intensivstationen schleichen? Meine gute Laune war wie weggeblasen, und ich wünschte mich sofort zurück zu meinem Onkel nach Minden. Solche Aufträge konnten einem den Spaß an der Arbeit ganz schön vermiesen! Ich ahnte ja nicht, dass es sich diesmal um etwas ganz anderes handeln sollte … Als ich hektisch in Christophs Büro stürzte, lachte er mich breit an: «Ah, Frau Millionärsgattin!» Was meinte er denn damit? Christoph zog einen Briefumschlag mit krakeliger Schrift aus der Schublade. Er war an mich adressiert, allerdings mit einer falschen Adresse. Ich verstand gar nichts. Christoph erklärte, er hätte eine Supergeschichte aufgetan. Beim Durchforsten der Kleinanzeigen in einer Brandenburger Lokalzeitung war er auf folgende Annonce gestoßen: «STOP. Millionär bietet 1,5 Mill. DM für die Traumfrau. Bin 28 Jahre, 1,82 m groß, dunkle kurze Haare, blaue Augen, natürlich aussehend, treu, ehrlich, humorvoll, unternehmungslustig, kinderlieb, tierlieb uvm. Habe einen kleinen Hund, ein Haus sowie zwei Kinder, wohnhaft im Land Brandenburg. Traumfrau sollte bis 30 Jahre und schlank sein, lange Haare haben, Größe von

1,65 m bis 1,80 m. Du kannst auch gern Kinder haben, solltest jedoch tierlieb, unternehmungslustig, humorvoll, ehrlich, treu und aktiv sein [...].»

Christoph strahlte, und so langsam verstand ich, was hier los war. Vom Gummibärchen-Lutschen und anderen Geschichten gab es inzwischen reichlich Fotos von mir im Archiv, und offenbar hatte Christoph eines dieser Bilder auf den Weg zum Millionär gebracht, begleitet von einem freundlichen Anschreiben, dass ich, Kerstin Dombrowski, ihn gerne kennenlernen würde. Großartig. Natürlich hatte mich mal wieder keiner gefragt, und ich fühlte mich verkauft. Obwohl ich stets bewies, dass ich mir offenbar für nichts zu schade war, hätte man wenigstens so tun können, als hätte ich ein Mitspracherecht. Gegen diese Bevormundung wuchs ein tiefer Widerwillen in mir, schließlich war ich nicht leibeigen, sondern hatte lediglich einen Arbeitsvertrag unterschrieben. Allerdings schien der das Abtreten sämtlicher Persönlichkeitsrechte zu beinhalten. Christoph sah mich prüfend an: «Ist irgendetwas nicht in Ordnung?» «Nein, alles ist gut. Das ist wirklich eine tolle Geschichte! Hat er denn schon geantwortet?», überwand ich mich zu sagen. Obwohl ich dem Lange-Haare-Wunsch des Millionärs nicht entsprach – meine waren höchstens kinnlang –, hatte er an die Adresse eines Kollegen zurückgeschrieben: «[...] Führerschein sowie Autos sind selbstverständlich vorhanden. Beruflich bin ich Inhaber von zwei Firmen sowie Teilinhaber einer großen Unternehmensgruppe – sprich Immobilien und Bauträgergesellschaft. Daher auch sehr vermögend. Auch wohne ich einige Monate im Jahr in der Schweiz und in München.» Mein Kollege strahlte mich an: «Was für eine außergewöhnliche Geschichte, die schafft es garantiert in die Bundesausgabe!» Er hatte ja recht: Aus Boulevardreportersicht war die Geschichte sensationell. Trotzdem hatte ich kein gutes Gefühl bei solchen «Investigativaufträgen», für die ich mich unter falscher Identität irgendwo einschleichen sollte. Stets hatte ich ein schlechtes Gewissen den Leuten gegenüber, die im Gegensatz zu mir offen und ehrlich waren. Daher bevorzugte ich die seichten, harmlosen, aber wahren Geschichten: über einen handzahmen Fuchs, eine Frau, die all ihre toten Haustiere ausstopfen ließ, um mit ihnen ihre Wohnung zu dekorieren, oder über den ältesten Traktor Brandenburgs ... Diese Storys waren nett und unterhaltsam und vor allem: Sie taten niemandem weh! Jetzt malte ich mir die Reaktion des armen Millionärs aus, der so sehr darauf hoffte, seine Liebe zu finden – nur um festzustellen, dass sich eine liierte Bild-Reporterin in sein Leben gestohlen hatte, die lediglich an einer spannenden Schlagzeile interessiert war.

Meine Chefs teilten meine Bedenken vermutlich nicht, zumindest behielten sie ihre moralischen Zweifel konsequent für sich. Noch vor der Konferenz kam Herr Erzbach auf mich zu und sagte: «Wir wollen die Geschichte heute noch im Blatt haben. Sie fahren am besten sofort mit einem Fotografen raus.»

Heute Abend sollte die Geschichte schon fertig sein? Mein Mitgefühl für den Millionär wich schlagartig der Panik, es nicht zu schaffen. Eine halbe Stunde später war ich schon auf dem Weg nach Brandenburg, übrigens in dem geliehenen Cabriolet eines Kollegen, um bei dem Millionär ein bisschen Eindruck schinden zu können. Ich zog noch einmal meinen Lippenstift nach; ansonsten sah ich in dieser Zeit ohnehin permanent so aus, als hätte ich mich für ein Date in Schale geworfen: Ich trug ein schwarzes Minikleid, schwarze Pumps und eine kurze hellgrüne Strickjacke.

Neben mir auf dem Beifahrersitz saß Peter, einer meiner Lieblingsfotografen, und machte ein besorgtes Gesicht: «Die können dich doch nicht einfach allein dort reinschicken. Was ist, wenn der über dich herfällt?» Ängste, die ich natürlich teilte. Doch die Chefs hatten angeordnet, dass der Fotograf sich vor dem edlen Anwesen verstecken und ich allein in die Villa gehen sollte. Klar, der Heiratskandidat sollte ja nicht wissen, dass ich eine Reporterin und keine echte Interessentin war, wie hätte man da den Fotografen erklären sollen?

Bei schönstem Sonnenschein erreichten wir mit offenem Verdeck den kleinen brandenburgischen Ort, der trotz des tollen Wetters grau und trostlos wirkte. Was hatte den millionenschweren Unternehmer, der zwischen München und der Schweiz pendelte, bloß hierher verschlagen?

Die Adresse war leicht zu finden, denn der Ort bestand nur aus wenigen Straßen. Allerdings trauten wir unseren Augen kaum: Statt einer herrschaftlichen Villa erwartete uns ein heruntergekommenes Bauernhaus. Verblüfft blieben wir vor dem armseligen Hof stehen, entschieden uns dann aber, schnell weiterzufahren, um etwa 200 Meter weiter verdeckt hinter Büschen zu halten. «Was ist das denn?», fragte ich Peter, der zur Antwort nur die Augenbrauen hob. «So wohnt bestimmt kein Millionär», vermutete er. «Willst du da wirklich rein?» Ich nickte. Meine Neugierde auf den Mann, der in diesem verfallenen Haus frech eine Millionärsannonce schrieb, war geweckt. Zudem fühlte ich mich jetzt deutlich besser, da «mein Opfer» offenbar genauso unehrlich war wie ich selbst. «Okay, dann verstecke ich mich in dem Gebüsch gegenüber vom Haus, damit ich höre, wenn du um Hilfe schreist. Und wenn du in genau einer Stunde nicht raus bist, komme ich rein», schlug Peter vor. Wir vereinbarten, dass er vorgehen sollte, und ich würde dann, sobald er in seinem Versteck saß, meinen Auftritt starten.

Natürlich meldete sich meine Angst, als ich mit dem schicken roten Cabriolet vor dem heruntergekommenen alten Bauernhaus parkte. Auf der Klingel am rostigen Tor stand tatsächlich der Name des angeblichen Millionärs: Ingo S. Ich drückte den Knopf, woraufhin erst ein helles «Ding-dong» und dann ein aggressives Bellen ertönte. War das etwa der

Hund, von dem er in der Annonce geschrieben hatte? Vorsichtshalber trat ich ein paar Schritte zurück. Ein ungepflegter Mann mit Schnauzbart öffnete das Tor – knapp über Kniehöhe knurrte mich ein wütender Mischling an: Vor mir stand der «Millionär» mit seinem «kleinen» Hund! Er war kurz überrascht über meinen Besuch, fing sich aber erstaunlich schnell und bat mich höflich herein: «Bekomm jetzt keinen Schreck, das muss ich hier alles noch machen lassen. Der Hof gehört meinen Eltern, und die wollen immer, das alles so bleibt, wie es ist», murmelte er. Wir liefen über einen gammeligen Innenhof, bevor wir ein baufälliges Haus betraten. Ich überlegte, wie laut ich schreien müsste, damit Peter mich überhaupt würde hören können. Zum Glück führte mich der Mann in ein Zimmer, das zur Straße lag, so könnte ich im Notfall also obendrein gegen die Scheibe klopfen. Ingo S. bat mich, an einem Tisch mit einer groben, beigefarbenen Tischdecke, auf der eine Vase mit falschen Blumen stand, Platz zu nehmen. Es roch muffig. Die Einrichtung war uralt, und ich konnte kaum glauben, dass hier ein 28-jähriger Mann lebte, geschweige denn ein Millionär! Alles war vollgestopft, zugestellt und heruntergekommen. Ingo S. setzte sich neben mich, sein Hund blieb stehen und knurrte mich weiter an. Wäre ich eine echte Heiratsinteressentin gewesen, hätte ich mich spätestens jetzt vom Acker gemacht. Aber als Bild-Reporterin biss ich die Zähne zusammen und lächelte. Dem Heiratsschwindler war anscheinend bewusst, dass dieses Anwesen dem Lebensstil eines Millionärs überhaupt nicht entsprach, und fing deshalb gleich an, von seinen zwei Baufirmen zu erzählen. Da er stark nuschelte, musste ich mich sehr anstrengen, ihn überhaupt zu verstehen. Der junge Mann prahlte mit seinem Fuhrpark: Sein BMW und der Mercedes, beides natürlich große Modelle, standen angeblich gerade in der Tiefgarage seiner Berliner Supervilla. Letztere hatte selbstverständlich einen Pool. Während er sein Leben im

Luxus beschrieb, lächelte er gewinnend und zeigte mir seine schlechten Zähne. Sobald ich meine Hand hob, um eine Haarsträhne hinters Ohr zu streichen, fletschte der fiese Mischling knurrend seine Zähne. Ich wagte kaum, mich zu bewegen. In diesem Moment war ich beinahe froh, dass Ingo sehr dicht bei mir saß; so hatte ich zwar permanent seinen unangenehmen Mundgeruch in der Nase, konnte aber auch hoffen, dass er im Notfall seinen Hund bändigen würde. Ingo plauderte weiter: Seine Autos würde er nie hierher bringen – wegen der neidischen Nachbarn. Außerdem hätte er einen der Wagen gerade seinem Anwalt geliehen. So ein Quatsch! Obwohl ich ihm kein Wort glaubte, nickte ich freundlich und versuchte dabei, ihn bewundernd anzulächeln und mich dabei so wenig wie möglich zu bewegen. Ob der Hund wohl generell bösartig war oder spürte, dass ich es mit seinem Herrchen nicht gut meinte? Jetzt stand Ingo auf und ging zu der hässlichen Schrankwand, um einen dicken Ordner zu holen. Der Hund blieb neben mir, und ich bemühte mich, ihn nicht zu beachten – auf keinen Fall wollte ich ihn provozieren, ich war mir sicher, dass er nur zu gerne zugebissen hätte. Ingo klappte den Ordner auf: Sorgfältig hatte er die Unterlagen meiner Mitbewerberinnen abgeheftet, lauter Briefe und Fotos von Frauen, die auf den Fang ihres Lebens hofften. Die meisten hatten sich spärlich bekleidet in sexy Posen ablichten lassen. Es gab aber auch Bewerbungen besorgter Mütter, die ihre Töchter gerne gut versorgt gewusst hätten und Schnappschüsse vom letzten Grillfest mitschickten. Da wäre ich ganz schön sauer auf meine Mutter, wenn sie so etwas machen würde! Ich fragte Ingo nach dem Geld. «Das gibt es erst nach einem halben Jahr Probezeit», nuschelte er. «Man muss ja erst mal schauen, ob man sich versteht.» Für die Zeit danach versprach er Endlos-Urlaube in der Schweiz und in Amerika. Schließlich besaß er selbstverständlich auch dort überall riesige Villen. Ich sah vorsichtig auf meine Uhr

– viel Zeit blieb mir nicht mehr, bis der besorgte Peter klingeln würde. Neugierig spähte ich zum Ordner rüber: 3500 Frauen sollen sich beworben haben, und wenn ich mir die Bilder- und Briefmasse ansah, könnte das die einzige wahre Aussage des angeblichen Millionärs gewesen sein.

Eine Stunde war fast um, ich sagte, ich müsste nun wieder fahren. Kavalier Ingo begleitete mich zu meinem teuren Wagen und beteuerte, dass er sich auf ein Wiedersehen freuen würde. Ich winkte und sauste davon. Bis zur nächsten Ecke. Dort wartete ich auf meinen Fotografen, erleichtert, trotz des aggressiven Mischlings unverletzt aus dem Haus gekommen zu sein.

Auf der Heimfahrt erzählte Peter, wie aufgeregt er hinter seinem Busch gehockt hätte und wie komisch ihn die Hundebesitzer angesehen hätten, die dort vorbeigelaufen waren. «Ich war so froh, als ich dich dann endlich an der Tür gesehen habe! Und ich glaube, ich habe auch ein paar schöne Fotos von eurer Verabschiedung», lachte er. Nun war unsere Welt wieder in Ordnung: Wir hatten die Geschichte rund bekommen. Erleichtert und zufrieden fuhren wir zurück nach Berlin.

In der Zwischenzeit hatte Christoph mit Nachbarn aus dem Dorf telefoniert und erfahren, dass der angebliche Millionär eine Exfreundin hat, die mit dem gemeinsamen Sohn in Berlin lebt. Als mein Kollege die junge Frau wenig später telefonisch erreichte und sie auf Ingo S. ansprach, wetterte sie sofort los: Auch sie sei damals auf die Geschichte vom großen Geld hereingefallen! Heute zahlte er nicht einmal Unterhalt für seinen Sohn, ganz im Gegenteil: Angeblich musste sie sogar seine Schulden abstottern. Das machte unsere Geschichte natürlich noch besser: Halbseitig erschien sie am nächsten Tag mit dem Titel: «3500 Frauen wollen diesen Mann». Seit diesem Moment klingelte permanent mein Telefon, und diesmal ging ich sogar ran. Fernsehsender fragten nach der Adresse des angeblichen Millionärs, weil sie unbedingt mit ihm drehen wollten – es war DIE Boulevardgeschichte des Tages. Und auch die Bild machte am nächsten Tag einen sogenannten Nachklapp. Ingo S. hatte tatsächlich ein Fernsehteam in sein Haus gelassen und ihm stolz seinen Ordner mit den Fotos präsentiert. Die Bilder wurden abgefilmt, und so kamen auch wir zu ein paar hübschen Porträtaufnahmen von Bewerberinnen, von denen allerdings keine mit uns sprechen wollte. Der Bürgermeister des kleinen Ortes, in dem Ingo lebte, ließ sich dagegen gerne interviewen: Er verriet, dass der angebliche Millionär hochverschuldet sei und am Monatsende immer mit seiner Mutter zur Bank ginge, um ihre Rente abzuholen. Mit den Fotos und diesen Informationen titelten wir am nächsten Tag: «Ausgeträumt: Ingos Traum von der Traumfrau».

Natürlich war es nicht ganz fair, Menschen derart vorzuführen, in seiner Einfältigkeit tat mir Ingo S. auch wirklich leid. Andererseits hatte er rücksichtslos mit den Sehnsüchten gutgläubiger Frauen gespielt und war für mich dadurch nicht nur Opfer, sondern auch Täter – er hatte sich die Geschichte selbst eingebrockt. Wer weiß, wie weit er und manche naive Frauen gegangen wären, wenn die Sache nicht aufgeflogen wäre, redete ich mir die Situation schön … Als ein paar Tage später bei mir zu Hause das Telefon klingelte, ging mein damals siebenjähriger Bruder ran. Ein Mann wollte mich sprechen. Da ich nicht da war, richtete der Anrufer aus, er sei Kommissar und wolle mich verhaften. Dann legte er auf. Mein Bruder hatte die Gelassenheit meiner Mutter geerbt, und obwohl er erst sieben Jahre alt war, kam ihm die Geschichte höchst unglaubwürdig vor. Ich vermutete, dass der verhinderte Heiratsschwindler sich gemeldet hatte – anders konnte ich mir einen solch wirren Anruf nicht erklären. Auf jeden Fall ließ ich mich seitdem nie wieder ins Telefonbuch eintragen, vorsichtshalber.

Früher standen in Berlin vor den meisten Kiosken sogenannte Aufsteller, mit denen die Boulevardzeitungen
zum Kauf lockten. An einem Tag im September 1996 hatte ich
diese Aufsteller beinahe für mich allein.

Als ich morgens in die Redaktion kam, sah mich Roger
mitleidig an: «Guten Morgen, Hase, du sollst gleich zum Chef.
Er hat schon zweimal nach dir gefragt.» Das bedeutete keinen
schönen Start in den Tag, ich fühlte mich auf einen Schlag
elend und überlegte, was bei der Geschichte vom Vortag schief-
gelaufen sein könnte. Da mir dazu nichts einfiel, musste es sich
mal wieder um einen unangenehmen Spezialauftrag handeln.
Mit bleischweren Beinen lief ich zum Büro der Chefs und
klopfte widerwillig an die Tür. Ich wurde sofort hereingerufen.
Herr Erzbach strahlte über das ganze Gesicht, sobald er mich
erblickte, und kramte unter seinem Schreibtisch eine weiße
Plastiktüte hervor. Seine Augen leuchteten, als er aus der Tüte
ein weißes Stück Stoff zog, das sich beim Auseinanderschütteln
als T-Shirt mit einem eigenartigen Aufdruck entpuppte: Es war
Prinz Charles mit Ohren, die mir besonders riesig vorkamen.
Ich fragte mich, warum dieses hässliche T-Shirt meinen Chef
in eine solch freudige Stimmung versetzte. Obwohl ich nun
schon länger bei der Bild und skurrile Geschichten gewohnt
war, fiel mir keine Erklärung ein. Das änderte sich schlagartig,
als Erzbachs Stellvertreter Martin ins Büro kam – mit einem
frisch gedruckten, etwa DIN-A3-großen Plakat in der Hand,
auf dem stand: «Charles, please sign my shirt!» Was war das
wieder für eine merkwürdige Idee? Ich konnte nichts Lustiges
daran entdecken: Meine Chefs wollten, dass ich mich heute

bei dem Potsdam-Besuch von Prinz Charles an seine Fersen heftete, um ein Autogramm zu bekommen. Zaghaft ließ ich meine Zweifel anklingen: «Aber wo ist denn da die Geschichte?» Herr Erzbach entgegnete so bestimmt, dass meine Abwehr sofort zusammenbrach: «Wir müssen unbedingt was zum Prinzenbesuch machen. Die Idee ist super: Wir schauen, wie leicht man an ein Prinzenautogramm kommen kann. Das ist spannend.» Ich fand es lediglich albern. Aber bitte – wehren war ja eh nicht meine Stärke. Ich zog also das Prinzen-T-Shirt über mein Jeanshemd, ertrug die Sticheleien meiner Kollegen, bestellte mir einen Fotografen und fuhr zum Schloss Glienicke, wo sich der Prinz den Garten und die Klosterhofkapelle anschauen wollte. Offenbar hatte er außer mir nicht sehr viele Fans, sodass ich überall schön weit vorne stehen konnte, ganz nah an den Polizisten …

Als der Prinz auftauchte, riss ich artig mein Plakat in die Höhe. Der Fotograf feuerte mich an: «Los, du musst ihn rufen!» Aber ich schämte mich auch so schon genug. Ausgestattet mit T-Shirt und Plakat wirkte ich wie ein besonders irrer Fan und wurde dementsprechend von allen anderen Schaulustigen bestaunt oder belächelt – sogar Prinz Charles stutzte einen Moment, als mich sein Blick streifte. Es war fürchterlich.

Ich muss dazu sagen, dass ich mich in meiner Freizeit sehr darum bemühte, modisch und cool aufzutreten. Durch meinen attraktiven Freund, der zur Berliner «In-Szene» gehörte, kannte ich die Türsteher der angesagtesten Clubs und genoss es, mit meinen ebenfalls hippen Freundinnen um die Häuser zu ziehen. Und nun das. Ich stand umgeben von älteren Damen und ein paar kleinen Kindern an der Absperrung. Das Kamerateam eines großen Privatsenders schlich um mich herum und filmte mich bei meinen minütlich halbherziger werdenden Bemühungen, ein Autogramm zu ergattern. Als der Prinz im Schloss verschwunden war, stürzten plötzlich alle Kamerateams auf mich zu – sogar die öffentlich-rechtlichen! Nur ein einziger Reporter machte sich die Mühe, mich um ein Interview zu bitten, sodass ich wenigstens aufklären konnte, dass ich nicht freiwillig hier stand, sondern eine charakterschwache Bild-Reporterin war, die sich von ihrem Chef auf Charles-Jagd hatte schicken lassen. Endlich tauchte der Prinz wieder auf. Doch ohne mir ein Autogramm gegeben zu haben, stieg er in ein Boot und fuhr davon.

Um 14.15 Uhr sollte er in Ludwigsfelde seinen zweiten öffentlichen Auftritt haben. Bis dahin hatten der Fotograf und ich ein bisschen Zeit, die wir nutzten, um etwas zu Mittag zu essen. Während ich in einem matschigen Salat herumstocherte, ahnte ich nicht, dass in Ludwigsfelde bereits eine ganze Polizeieinheit auf mein Erscheinen wartete. Kaum dass wir den Ort erreicht hatten und uns nach einem geeigneten Platz am Absperrband umsahen, kam ein grimmiger, dicker Polizist auf mich zu. Er beugte sich ganz nah zu mir herüber und sprach leise und drohend: «Wir wissen, was Sie vorhaben. Wenn Sie sich hier vor dem Prinzen ausziehen, gibt es gewaltigen Ärger!» Ich war sprachlos. Wie kam er denn auf die Idee? «Nein, Sie verstehen das ganz falsch. Ich arbeite für die Bild», versuchte ich den Polizisten aufzuklären, aber er hob nur warnend seinen wurstigen Zeigefinger. Entweder hatte er nicht verstanden, dass ich von der Zeitung war, oder er konnte sich nicht vorstellen, dass man sich dort solche Sachen ausdachte. «Wehe!», sagte er immer wieder. Ich war wirklich perplex. Hätte ich tatsächlich geplant, mich vor dem Prinzen zu entblößen, hätte ich mir doch nicht noch – deutlich sichtbar – ein Jeanshemd unter das T-Shirt gezogen! Wie absurd!

Als der Prinz erschien, war ich beinahe besser bewacht als er. Mein Fotograf machte unzählige Fotos von mir, umgeben von grünen Uniformen; Charles interessierte ihn nicht mehr. Die Fotografen waren mindestens so sehr wie die Redakteure darauf gedrillt, eine Bild-Geschichte zu erkennen.

Das Autogramm habe ich selbstverständlich wieder nicht bekommen. Aber hinter den vielen Polizisten konnte Charles mich auch gar nicht mehr sehen.

Zurück in der Redaktion beschwerte ich mich über die verspannten Polizisten, die mir nicht glauben wollten und mich wie einen Sexualstraftäter behandelt hatten, aber dafür hatte mein Chef kein Ohr. Er war stinksauer: «Warum haben Sie denn allen gesagt, dass Sie von der Bild sind? Das wäre doch eine tolle Folgegeschichte gewesen, wenn Sie heute Abend in allen Nachrichten als Beinahe-Exhibitionistin gelaufen wären und wir hätten morgen aufklären können, dass Sie in Wahrheit für Bild unterwegs waren.» Ich fand das ein bisschen viel verlangt, mich deutschlandweit als irrer Prinzen-Fan zu präsentieren. Außerdem war die Geschichte auch so nicht schlecht: «Prinz Charles – Angst vor Sex-Attacke!» hieß die Schlagzeile, und sämtliche Zeitungsaufsteller warben mit ihr.

In den folgenden Tagen hatte ich immer kleine, unspektakuläre, aber ordentliche Boulevardgeschichten anzubieten und wurde mit fiesen Spezialaufträgen in Ruhe gelassen: Ich berichtete über einen der größten Berliner Spielwarenhändler, der «Bibi Blocksberg» nicht verkaufte, weil sie eine liebe Hexe war. In seinem Sortiment gab es nur böse Hexen – zum Schutz der Kinder, um die Gefahr durch dunkle Mächte nicht zu verniedlichen. Außerdem verfasste ich einen Artikel über einen Berliner Kampfsportler, der in Hollywood die großen Stars wie Jean-Claude Van Damme oder Jackie Chan trainiert hatte, und darüber, dass immer mehr kleine Flughäfen in Brandenburg dichtmachten.

Dann wurde ich eines Morgens nach der Konferenz wieder zu meinen Chefs gerufen. Sobald Herr Erzbach mich im Türrahmen erblickte, verschwand er unter seinem Schreibtisch, um dort nach etwas zu suchen. Mit Grausen dachte ich an das hässliche Prinz-Charles-T-Shirt, das er beim letzten Mal unter seinem Tisch hervorgezaubert hatte. Welche Peinlichkeit wohl diesmal auf mich wartete? Freudestrahlend hielt mir Herr Erzbach eine Tasse entgegen – auf der einen Seite prangte das Bild-Logo, auf der anderen ein Foto von mir. «Das ist ein Dankeschön für Ihren Einsatz», sagte er, und ich wusste gar nicht, wie ich auf so viel ungewohnte Nettigkeit reagieren sollte. Ich war gerührt. Im Laufe des Tages bekam jedes Redaktionsmitglied eine solche Tasse geschenkt. Meine steht noch immer wohlbehütet in meinem Küchenschrank, und keiner darf aus ihr trinken. Sie ist die schönste Erinnerung an die Bild-Zeit.

Inzwischen segelte mir die Absage von der Springer-
Journalistenschule ins Haus. Das traf mich heftig, weil
ich überhaupt nicht damit gerechnet hatte. Ich war fest davon
ausgegangen, dass ich mit Hilfe meiner Kollegen und einer
Empfehlung meines furchteinflößenden Chefs sofort genommen werden würde. Noch dazu fühlte ich mich ungerecht behandelt, schließlich arbeitete ich aufopfernd und beinahe rund
um die Uhr für den Verlag und hatte geglaubt, man würde das
auch honorieren. Natürlich fiel mir bei dieser Gelegenheit die
unverschämte Essenseinladung ein. Wenn ich die angenommen hätte, wäre ich jetzt vielleicht unter den Auserwählten …
Ziemlich frustriert überlegte ich, wie es nun weitergehen sollte, da ich mittlerweile keine Lust mehr hatte, mich weiterhin
für 150 Mark am Tag zu «verkaufen».

In letzter Zeit war mir bewusst geworden, dass ich kaum
Freizeit hatte, seit ich bei der Bild arbeitete. Sogar an meinen
freien Samstagen war ich ausschließlich damit beschäftigt,
Themen zu suchen. Ich konnte an nichts anderes denken, über
nichts anderes sprechen – alle meine Gedanken kreisten nur
noch um die Bild und mögliche Geschichten. Alte Freunde
hatte ich schon lange nicht mehr gesehen. Mich nervte, jederzeit zu irgendwelchen Unglücksopfern geschickt werden zu
können oder andere unangenehme Aufgaben erledigen zu
müssen. Überhaupt hatte ich es satt, permanent kleingehalten
zu werden, und vermisste meine Unbeschwertheit und Leich-
tigkeit. Auch mein Freund war inzwischen beinahe dauer-
genervt, und sogar meine Mutter legte mir nahe, mal darüber
nachzudenken, ob mir das alles überhaupt noch guttat.

Mitten in diese Überlegungen platzte die Mutter meines

Freundes mit einer kleinen Annonce aus ihrer Tageszeitung: «Die Berliner Journalistenschule startet ihr Bewerbungsverfahren ...» Da es in meiner Welt nur den Springer-Verlag gab, hatte ich eine andere Schule noch gar nicht in Betracht gezogen, mir war nicht mal bewusst, dass es die überhaupt gab. Die Berliner Journalistenschule, kurz BJS, genießt einen ordentlichen Ruf. Ich war unsicher: Sollte ich es lieber im nächsten Jahr nochmal bei Springer versuchen und bis dahin bei der Bild bleiben, oder sollte ich mich an der BJS bewerben? Ich überlegte so lange hin und her, bis irgendwann die Zeit knapp wurde. Mein Freund drängelte, es doch wenigstens zu versuchen, absagen könne ich schließlich immer noch, sodass ich letztlich nachgab: In drei unterschiedlichen Längen schrieb ich einen Text zum Thema Sicherheit, so, wie es die Bewerbung verlangte. Inzwischen war ich dermaßen spät dran, dass ich meine Unterlagen nicht mehr per Post schicken konnte, sondern selbst zur Journalistenschule fahren musste, um sie abzugeben. Die Frau, auf die ich im Sekretariat traf, zeigte mir unmissverständlich ihren Unmut über die knappe Abgabe. Ansonsten wirkten die Räumlichkeiten, unter denen sich auch die Lehrredaktion befand, wie tot, kein Mucks war zu hören – ich fragte mich, ob ich meine große, schillernde Bild wirklich gegen diesen «Fünf-Zimmer-Haushalt» tauschen wollte. Es schien mir riskant. Aber als dann das Schreiben der Journalistenschule mit der Nachricht kam, dass ich es in die nächste Runde geschafft hätte, war diese Überheblichkeit vergessen. Ich war voller Stolz und nahm es als Beleg, dass ich tatsächlich gut schreiben konnte, was mir bei der Bild noch nie jemand gesagt hatte. In der folgenden Bewerbungsrunde musste ich vor Ort und zusammen mit den anderen Teilnehmern einen Text in vorgegebener Länge schreiben, einen Allgemeinbildungs- und einen Fototest bestehen, bei dem Pressebilder der vergangenen Zeit ihrem Ereignis zugeordnet werden sollten. Anschließend fand ein Bewerbungsgespräch statt, in dem ich vor allem nach meiner Tätigkeit für die Bild gefragt wurde.

Meine Kollegen wussten natürlich von meinen Flucht-bemühungen, die Chefs ahnten indes nichts davon. Sie waren gerade mit anderen Dingen beschäftigt: mit der Entwicklung meiner neuen Rubrik: «In Berlin – Kerstin Dombrowski». Nachdem ich für die Mord- und Totschlagsthemen nicht viel Begeisterung gezeigt hatte und mir die seichteren Geschichten eindeutig eher lagen, waren meine Vorgesetzten offenbar der Meinung, eine Promi-Kolumne sei für mich genau das Richti-ge – ungeachtet der Tatsache, dass ich in bislang zehn Monaten Bild nur zwei Promi-Geschichten verfasst hatte: einen Beitrag über Rolf Edens Rolls-Royce-Verkauf und einen Backstage-Be-richt über ein Konzert des Sängers Bürger Lars Dietrich («Sein sexy Eis geht weg wie warme Semmeln»), der gemeinsam mit dem damals noch wenig bekannten Stefan Raab auftrat.

Ich erfuhr von meiner neuen Aufgabe ganz knapp vor allen anderen Berlinern: Schon am nächsten Tag prangte auf allen Kiosk-Aufstellern die Werbung für den neuen Klatsch-und-Tratsch-Teil in der Bild. Zusammen mit einer Kollegin, die ich bis dahin nicht mal kannte, sollte ich ab sofort über die Gla-mour- und Glitzer-Veranstaltungen der Hauptstadt berichten. Und das bei meinen Schlafgewohnheiten! Richtig wohl fühlte ich mich erst nach mindestens neun Stunden Bettruhe, was in diesem Metier kaum zu schaffen war: Nachts musste man auf Partys oder in einschlägige Bars, um dann pünktlich um 9 Uhr in der Redaktionssitzung neue Skandale verkünden zu können. Noch dazu fand ich Promis langweilig. Ich kannte mich in der Welt der Reichen und Schönen überhaupt nicht aus und las nicht mal aus Langeweile im Wartezimmer beim Arzt die entsprechenden Zeitschriften. Die einzige nützliche Telefon-nummer, die ich für dieses Vorhaben besaß, war die meines guten Freundes Markus, der als Musiker gute Kontakte zu

Prominenten hatte und mir schon zu dem Konzert von Bürger Lars Dietrich und Stefan Raab Einlass verschafft hatte, da er mit beiden Künstlern befreundet war.

Die neue Rubrik war für mich so schrecklich, dass ich diesmal nicht versuchte, mein Entsetzen zu verbergen: «Aber ich kenne doch gar keine Promis. Ich weiß ja nicht mal, wo es die Einladungen zu solchen Partys gibt.» Argumente, die nicht zählten. Mein Chef hatte eine neue Idee, nur das war wichtig. Und so stand ich quasi von einem Tag auf den anderen mit einer halben Seite Promi-Themen im Plan. Auweia! Meine unbekannte Kollegin, von der ich inzwischen immerhin wusste, dass sie schon länger als «Klatschtante» gearbeitet hatte, war leider zum Start unserer neuen Rubrik noch nicht da. Verschieben ging auch nicht, schließlich waren die Aufsteller bereits produziert. Es war unglaublich. Und ich ärgerte mich: Wenn Herr Erzbach eine Idee hatte, musste sie sofort umgesetzt werden – geht nicht, gab's nicht, und so hockte ich ziemlich allein vor einer ziemlich leeren Seite.

Markus, mein Musikerfreund, hatte sich schon in den letzten Monaten mit einer beachtlichen Geduld mein Themensuch-Dilemma angehört; nun spannte ich ihn komplett ein. Mindestens fünf Mal am Tag rief ich ihn auf dem Handy an, in beinahe jeder Probenpause, und er half mir wirklich aufopfernd. Manchmal spottete Markus schon, dass bald keiner mehr mit ihm sprechen würde, wenn erst mal rauskäme, dass er als inoffizieller Bild-Reporter tätig war. Ich war komplett auf seine Hilfe angewiesen und hatte keine Ahnung, wie ich ohne ihn tagtäglich zu mehreren Promi-Themen kommen sollte. Von meinen Chefs war diesbezüglich keine Hilfe zu erwarten. Zunächst versuchte ich es mit der gleichen Taktik, mit der ich bisher Erfolg hatte: Ich durchforstete sämtliche Zeitungen und Zeitschriften, die Redaktion und Kiosk zu bieten hatten. Anschließend telefonierte ich die wenigen Promis ab, von denen meine hilfsbereiten Kollegen die Telefonnummern in ihren Adressbüchern hatten, doch ich bewies wenig Talent für den Glamour-Journalismus – ich hatte etwas Grundlegendes nicht verstanden, nämlich dass bei Promis andere Maßstäbe für die Berichterstattung galten. Bei ihnen war fast jeder Schnupfen eine Meldung wert. Für mich musste eine Geschichte nach wie vor unglaublich und sensationell sein. So verpasste ich jede Gelegenheit auf einen schönen Promi-Bericht.

Einmal hatte ich mich für die Eröffnungsfeier eines No-bel-Juweliers akkreditiert. Die Tatsache, dass ich diesen Event nicht verpasst hatte, empfand ich schon als Teilsieg. Ich fragte am «Balken» nicht wie sonst, ob ich gehen dürfte, sondern teilte lediglich mit, dass ich nun los müsste. In einem eigens für die Party gekauften Kostüm stand ich wenig später unbeholfen im Eingangsbereich eines riesigen Museums, das für die Eröff-nungsparty angemietet worden war. Statt alter Knochenfunde lagen an diesem Abend teure Ringe und Ketten in den Vitri-nen. Da ich niemanden kannte, wusste ich nicht, wohin ich gehen sollte; mich einfach irgendwo dazuzustellen, war nicht meine Art. Irgendwann konnte die freundliche Juwelier-Pres-sesprecherin meine Unbeholfenheit wohl nicht länger ertragen – ich hatte ihr schon am Telefon gesteckt, dass ich neu im Job war –, deshalb bugsierte sie mich zu drei älteren Herren, von denen ich einen als Willy Bogner erkannte. Die anderen beiden spielten wohl in der gleichen Liga, waren reich und bekannt, aber eben nicht mir. Deshalb hielt ich mich an den ehemaligen Skirennfahrer, Designer und Filmemacher Bogner. Er war in bester Laune und unterhielt uns mit lustigen Anekdoten aus seinem Leben, schwärmte von seiner attraktiven Frau und sin-nierte, welche Erinnerungen er mit Berlin verband. Am nächs-ten Tag kam ich mit stolzgeschwellter Brust in die Redaktion und berichtete über die Eröffnung des Nobel-Juweliers mit den unglaublich teuren Schmuckstücken. Bis zu 1,6 Millionen konnte man hier locker anlegen. Über Willy Bogner verlor ich allerdings kein Wort! Er hatte mir nichts verraten, was irgendwie in die Superlativ-Kategorie der Bild passte, und deshalb glaubte ich, nichts über ihn schreiben zu können, dabei hätte jede andere Klatschtante mit seinen Informationen mindestens 60 Zeilen gefüllt.

Ein anderes Mal wurde ich zu der Fernsehaufzeichnung einer hochkarätigen Promi-Sendung geschickt. Ein Sicherheitsmann versperrte den Backstage-Bereich, um die Prominenten vor aufdringlichen Journalisten zu schützen. Doch ich hatte Glück. Gerade als ich dort ankam, lief Stefan Raab, den ich ja durch Markus kannte, über den Flur. «Hey, Kerstin, was machst du denn hier?», rief er, und sofort machte der schwarz gekleidete Sicherheitsmann einen Schritt zur Seite und ließ mich rein. Plötzlich war ich da, wo jede andere Promi-Reporterin liebend gern gewesen wäre: in fröhlicher Runde zwischen Oliver Bierhoff, Henry Maske, Harald Juhnke, Wigald Boning, dem Astronauten Thomas Reiter und Stefan Raab. Sogar Herzogin Sarah Ferguson war angekündigt. Als ich zwischendurch mal kurz auf Toilette ging, kam sie mir entgegen. Geistesgegenwärtig zückte ich meinen Fotoapparat und schoss damit mein erstes und einziges Bild für die Bild. Am nächsten Tag wurde daraus: «Sarah Ferguson in Berlin». Die anderen Promis erwähnte ich erst gar nicht, da ich wieder glaubte, sie hätten mir nichts Bild-Taugliches erzählt. Ich war wahrscheinlich die verschwiegenste Glamour-Journalistin der Welt. Und eine Schande meiner Zunft.

Von meiner erfahrenen Klatschtantenkollegin, mit der ich mir inzwischen ein Büro teilte, konnte ich diesbezüglich nicht viel lernen. Nadja überließ mir zwar großzügig ihr Telefonbuch mit sämtlichen Promi-Kontakten, hatte aber ansonsten wenig Ambitionen, mich einzuarbeiten. Sie war vielmehr damit beschäftigt, für sich einen neuen Arbeitgeber an Land zu ziehen, da sie nicht vorhatte, lange bei der Bild zu bleiben. Ich horchte auf: Nadja war meine einzige Kollegin, die der Bild nicht verfallen war, sondern sie lediglich zum Geldverdienen nutzte, weil sie gerade nichts Besseres gefunden hatte. Als sie sich eines Mittags zu einem Termin mit einer aufstrebenden Nachwuchsschauspielerin verabschiedete, schob Nadja mir die Telefonnummer von dem inzwischen verstorbenen Schauspieler Günter Pfitzmann über den Tisch: «Ruf den doch mal an. Er hat meist eine nette Anekdote zu erzählen.»

So kam es zu einem höchst eigenartigen Telefonat: Sobald ich den Berliner Schauspieler am Apparat hatte, fragte ich ihn, ob ihm irgendetwas Spannendes passiert wäre, über das ich schreiben könnte. Er wunderte sich wahrscheinlich über meine Herangehensweise, anders kann ich mir die Entwicklung unseres denkwürdigen Telefonats nicht erklären. Letztlich hörte sich der liebenswerte Schauspieler anderthalb Stunden lang geduldig meine Ängste und Nöte bei der Bild an! Er tröstete mich und besprach mit mir mögliche Jobalternativen, am Ende unseres Gesprächs bot er sogar an, mir bei der Arbeitssuche behilflich sein. Kurz vor dem Auflegen erzählte er von einem schlimmen Unwetter auf seiner letzten Kreuzfahrt. Damit hatte er mir sogar noch ein Thema geschenkt!

In meinen ersten Monaten war die Bild emotional anstrengend – inzwischen war sie mir auch körperlich zu viel. Durch den regelmäßigen Schlafmangel war ich nach wenigen Wochen Klatschtanten-Dasein wirklich am Ende, übermüdet und unzufrieden. Mitten in dieses Dilemma kam die Zusage der Berliner Journalistenschule. Ich freute mich riesig. Endlich eine Perspektive! Da die Ausbildung in Vollzeit stattfinden sollte, musste ich mich entscheiden: Bild oder BJS. Obwohl ich grundsätzlich eher ein Zauderer bin und ich das magische eine Jahr bei der Bild noch nicht erreicht hatte, war mir klar, dass ich kündigen und meine Ausbildung beginnen wollte. Ich hatte genug von dem permanenten Themendruck, von den gezielten Verunsicherungen der Chefs, von der ständigen Fremdbestimmung und Bevormundung. Deshalb war ich zwar nervös, fühlte mich aber klar und sicher, als ich wenige Tage vor Ablauf meines Vertrages zu den Chefs ging und ihnen sagte, dass ich nicht bleiben wollte. Sie schauten mich verblüfft und ungläubig an. Damit hatten sie überhaupt nicht gerechnet. Dass jemand freiwillig nach so kurzer Zeit die Bild verließ, kam anscheinend selten vor. «Aber wir haben doch gerade erst Ihre neue Kolumne eingerichtet mit Ihrem Foto und Ihrem Namen? Das ist doch eine Riesenchance, damit können Sie sich einen Namen machen. Außerdem: Wie sollen wir so schnell Ersatz finden?», versuchte Herr Erzbach mich von meinem Entschluss abzubringen. Aber diesmal wollte ich stark bleiben. Obwohl meine Ausbildung erst drei Monate später beginnen sollte, wollte ich nicht einen Tag länger in der Redaktion bleiben. Also begannen die Chefs, meine Journalistenschule schlechtzureden. «Bleib doch lieber hier und gehe auf die Axel-Springer-Schule. Die hat wirklich einen besseren Ruf», argumentierte Martin. Ich geriet ins Straucheln. Da die Axel-Springer-Journalistenschule an einen Verlag gebunden war, hieß es, dass die Ausbildung sehr praxisbezogen sei und beinahe jeder Abgänger im Haus einen Job fand – es gab schließlich noch mehr Redaktionen als die Bild. Ich hing schon fast am Haken: «Können Sie mir denn versprechen, dass ich die Schule im nächsten Jahr besuchen kann?», fragte ich. Herr Erzbach schüttelte den Kopf, meinte aber, mit zunehmender Erfahrung würden natürlich auch meine Chancen steigen, vor allem, wenn ich weiter meine eigene Rubrik behielt. Sofort sammelte ich mich wieder und blieb bei meinem Entschluss. Es war ein gefühlloser Abschied von den Chefs. Ich ging zu meinem Schreibtisch, schnappte meine zwei Pflanzen und das kleine Adressbüchlein, und erst als ich meinen Kollegen «Tschüss» sagte, wurde ich traurig.

Vor allem der lustige Roger, der gutgelaunte Patrick und die liebe Moni Schmitz würde ich vermissen, mit ihnen hatte ich mich richtig wohl gefühlt. Bedrückt fuhr ich mit dem Fahrstuhl ins Erdgeschoss, lief durch die große Eingangshalle und gab bei den uniformierten Sicherheitsleuten meinen Springer-Ausweis ab. Die Herren wirkten gleichgültig und unbeteiligt, nur die nette Sicherheitsfrau mit der Hochsteckfrisur tätschelte mir verlegen den Arm: «Dann machen Sie es mal gut! Ich drücke Ihnen die Daumen!» Als ich durch die Drehtür nach draußen ging und mir die kalte Winterluft entgegenblies, fühlte ich mich befreit. Ich hatte viel gelernt über Themenfindung und Recherche, damit hatte meine Freundin Claudia und alle anderen, die das behauptet hatten, recht gehabt. Trotzdem war ich froh, dass es nun vorbei war.

Erleichtert stieg ich in meinen kleinen roten Seat und fuhr zu meinem Freund, der mindestens so froh über meine Entscheidung war wie ich selbst.

Die Rückkehr zum Boulevard

Der erste Tag auf der Journalistenschule bereitete mir Bauchschmerzen. Natürlich ist es immer unangenehm, irgendwo neu anzukommen, aber wenn man zu einer bereits bestehenden Gruppe stößt, herrscht zumindest eine gewisse Struktur, sodass man sich in Ruhe die Leute begucken und langsam in die Situation finden kann. Das ist anders, wenn alle neu sind: Dann herrscht einfach nur Chaos, ein wirres Durcheinander; ich fühlte mich überfordert. Als wir uns einen Sitzplatz suchen sollten, landete ich zwischen einer netten Frau, die mit einem bekannten Journalisten verheiratet war, und einem Mann, der im Gegensatz zu mir ein gesundes Selbstbewusstsein besaß und permanent mit seinen guten Kontakten, seinen tollen Jobs und seinen unglaublichen Fähigkeiten prahlte, wodurch er später noch mehr zum Außenseiter wurde als ich. Natürlich begann der Tag mit einer Vorstellungsrunde: Beinahe jeder hatte bereits ein Studium abgeschlossen oder steckte zumindest mittendrin, die meisten waren nebenberuflich für renommierte Tageszeitungen aus ganz Deutschland tätig, und alle gaben sich höchst intellektuell. Ich fühlte mich als gelernte Reiseverkehrskauffrau schrecklich minderwertig und ungebildet und setzte fest auf mein knappes Jahr Bild-Erfahrung, um Eindruck schinden zu können, erreichte damit aber genau das Gegenteil: Statt beeindruckt zu sein, waren fast alle entsetzt, einige sogar so sehr, dass ich mich fast wie ein politischer Feind fühlte. Auch später wurde ich nie Teil der Gruppe, sondern blieb ein exotischer Außenseiter. Ich freundete mich lediglich mit meiner netten Sitznachbarin und mit Alex an, der bis heute zu meinen besten Freunden zählt. Er hatte ebenfalls nicht studiert, aber ihm machte das überhaupt nichts aus. Wenn ich mich mal wieder elendig minderwertig fühlte, motivierte er mich durchzuhalten. Gemeinsam wetteiferten wir darum, bei unseren Dozenten besonders originelle Texte abzuliefern, während die meisten unserer Mitschüler eher literarisch wertvolle Arbeit leisten wollten. Als «Dank» für seine permanente Unterstützung lockte ich Alex später von der seriösen «Süddeutschen Zeitung» ins Boulevardfach, was er mir bis heute gelegentlich vorhält.

Insgesamt habe ich aber von meiner Journalistenschulzeit unglaublich profitiert: Ich lernte, dass man die Bild durchaus auch aus journalistischer Sicht kritisch betrachten konnte und dass der Boulevardjournalismus lediglich eine besondere Form der Berichterstattung war und nicht die, wie ich bisher geglaubt hatte, beste oder genaueste. Anders als behauptet, imponierte es nicht jedem Journalisten, wie nah Bild-Reporter dem jeweiligen Schicksal kamen oder wie gut sie recherchierten – ich hatte da ja auch eher gegenteilige Erfahrungen gemacht. Stattdessen war man erschüttert, wie hemmungslos sich einige Reporter über Gesetz, Moral, persönliche Grenzen und den Pressekodex hinwegsetzten. Ich verinnerlichte, wie wichtig es war, bei der Wahrheit zu bleiben, und dass man als Journalist eine Verantwortung trug: Geschichtenfinden und -schreiben war eben nicht nur ein Spiel, auch wenn es sich häufig so anfühlte. All das waren für mich Neuigkeiten – auch wenn mir das heute furchtbar blauäugig vorkommt. Erst jetzt wurde mir klar, wie sehr mich der Mikrokosmos Bild in Beschlag genommen hatte.

Positiv war, dass ich in meiner Berufswahl bestätigt wurde: Auch wenn es vielen meiner Mitschüler gegen den Strich ging, wurde ich von den Dozenten häufig gelobt. Einer meiner Schulartikel wurde sogar im «Tagesspiegel» veröffentlicht, also in einer angesehenen Berliner Zeitung – was für ein Erfolg!

Fester Bestandteil der Ausbildung war es, nach einem Dreivierteljahr Print-, Radio- und Fernsehtheorie drei zweimonatige Praktika zu absolvieren. Weil ich mich für Frauenthemen wie Mode, Schminke und ans Herz gehende Geschichten um Krankheit, Liebe oder Kinder interessierte, bewarb ich mich bei der «Brigitte»; eine weitere Bewerbung schickte ich an die Pressestelle eines Berliner Luxushotels, und weil ich wusste, dass sie mich wegen meiner Bild-Erfahrung sehr wahrscheinlich nehmen würden, wählte ich als dritte Praktikumsstation ein Boulevardmagazin von Sat.1. «Brigitte» schrieb sehr freundlich, dass ihre Praktikantenplätze bereits für die nächsten Monate vergeben wären, dafür klappte es mit dem Hotel nach einem Vorstellungstermin sofort, und auch bei dem TV-Magazin hatte ich wie vermutet Glück.

Mein Fernsehpraktikum begann im Januar, also ziemlich genau zwei Jahre, nachdem ich ins Mediengeschäft eingestiegen war. Meine Studienpläne lagen weiterhin auf Eis, jetzt wollte ich nur noch Redakteurin werden.

Obwohl ein bitterkalter Wind wehte, trug ich wieder ein gewohnt kurzes Röckchen, als ich durch eine rostige Eingangstür das Fernsehgebäude betrat. Erstaunt sah ich mich um: Das hatte hier gar nichts von der imposanten Eingangshalle des Springer-Verlages, sondern wirkte eher etwas schmuddelig auf mich. Und hier wurde bundesweites Fernsehen gemacht? Im Fahrstuhl roch es unangenehm, und erst als ich die schwere Glastür zur Redaktion öffnete, wurde es etwas heimeliger. Wie mir die freundliche Assistentin des Chefredakteurs am Telefon aufgetragen hatte, war ich pünktlich um neun Uhr da, sodass ich an der täglichen Morgenkonferenz teilnehmen konnte – eine schauerliche Vorstellung, da ich meine konferenzfreie Schulzeit sehr genossen und die fiesen Bild-Sitzungen nur allzu gut im Gedächtnis hatte. Eine Empfangsdame, die etwa in meinem Alter war, fragte mich, zu wem ich wollte. «Ich fange heute mein Praktikum an und soll mich bei Herrn Claus melden», antwortete ich. «Dann immer durch den Gang, bis du in das Großraumbüro kommst, an einem der Tische in der Mitte findest du den Tom.» Na, das klang ja locker, zumindest schien das «Du» hier selbstverständlich zu sein. Von dem belebten Gang gingen einige kleine Büros ab, überall wurde gelacht und geplaudert, von Konferenzpanik keine Spur. In einem Raum erkannte ich einen Schnittplatz, auf dessen Bildschirm gerade Ferkel mit Schwimmwesten in einem Planschbecken badeten. Durch eine offene Glastür, die mit ausgedruckten Quoten und lustigen Sprüchen beklebt war, gelangte ich schließlich in ein riesiges Großraumbüro. Hier standen mindestens dreißig Schreibtische, an manchen wurde gearbeitet, bei einigen waren die Computer ausgeschaltet, aber riesige Zettel- und Kassettenberge verrieten, dass auch sie regelmäßig genutzt wurden. Es herrschte ein geräuschvolles Durcheinander in dem Raum, dessen Mittelpunkt eine Schreibtischinsel bildete, an der eine Frau sich gerade lautstark über die Größe männlicher Geschlechtsteile ausließ. Wo war ich denn hier gelandet? Über einer anderen Schreibtischinsel entdeckte ich ein DIN-A4-Blatt mit dem Aufdruck: «Titten, Tiere, Tränen, Tote – die vier ‹T› des Boulevardjournalismus.» Ich musste schmunzeln, zwar hatte ich diesen Spruch zuvor noch nie gehört, fand ihn aber sehr treffend für dieses Genre, in dem man sich beim Texten immer um Alliterationen bemühte. «Entschuldigung, ich suche Thomas Claus», sprach ich einen jungen Mann an, der sich gerade an mir vorbei in den Gang drängeln wollte. «Das ist der da!», zeigte er auf einen dunkelhaarigen Mittdreißiger und lief sofort weiter. «Seid doch mal leiser, ich muss ein Opfergespräch führen!», brüllte jemand aus der Ecke unter dem Zettel mit den vier T. Ich konnte mir kaum vorstellen, wie in einem solchen Chaos eine Sendung entstehen sollte. Plötzlich wurde von rechts ein Mann im Anzug von einem lachenden Kollegen auf einem Schreibtischstuhl durch den Raum geschoben: «Bitte aus dem Weg!», kommandierte er, wobei er, mit dem Zeigefinger seiner linken Hand an der Oberlippe, die Stimme von Hitler imitierte und alle Kollegen ermahnte, sich endlich gesittet zu benehmen. Es wurde immer absurder, und ich hatte das Gefühl, im Irrenhaus gelandet zu sein. Wenigstens Thomas Claus entpuppte sich als normal, nachdem ich erst mal zusammenzuckte, weil er ein «Ruhe!» durch den Raum schrie, bevor er mich begrüßte. «Entschuldige, heute ist es etwas wild hier.» Ich lächelte schüchtern. Thomas Claus, der sich schlicht als Tom vorstellte, führte mich an einen Platz am Fenster, durch das ich in einen riesigen Park schauen konnte. «Hier kannst du sitzen, der Kollege kommt wohl nicht mehr. Wenn du Fragen hast, sprich mich an oder gehe zu Tita; sie ist die Assistentin des Chefredakteurs und eigentlich für alles zuständig», erklärte er, bevor er mich allein ließ. Ich stellte meine Tasche ab, zog meinen Ledermantel aus und sah mich um. Rechts neben mir saß eine Frau in meinem Alter, die mich abschätzig musterte, während sie telefonierte. Auf der anderen Seite saß ein freundlicher Mann, der sofort an meinen Platz kam, um sich vorzustellen: «Ich bin Matthias und für die Nachrufe zuständig, wenn du Hilfe brauchst, sprich mich ruhig an.» «Die Nachrufe?», wunderte ich mich. «Ja, wir müssen doch für jeden Promi einen Nachruf fertig haben, falls der stirbt. Und das ist aufwendig, weil wir viel Archivmaterial brauchen; bei Sängern und Schauspielern müssen Film- oder Videoausschnitte eingekauft werden. Gerade arbeite ich an Hildegard Knef.» «Aha», entgegnete ich tonlos und dachte daran, dass mein Freund Markus gerade mit «der Knef» an einem gemeinsamen Projekt arbeitete, das ihm sehr am Herzen lag. Was der wohl dazu sagen würde, wenn er wüsste, dass hier schon an ihrem Nachruf gearbeitet wird? «Wenn du magst, kannst du mir gerne dabei helfen», bot mit Matthias an, und ich lächelte dankbar. «Na, Totengräber, baggerst du unsere neue Praktikantin an?», pöbelte plötzlich jemand aus der «Titten, Tiere, Tränen, Tote»-Ecke. Ein großer dicker Mann, der mit einem kleinen Pferdeschwanz seine wirren Locken bändigte, trat auf uns zu: «Ich bin der Mick, Polizeireporter. Wo kommst'n du her?» «Ich war erst bei der Bild und dann auf der Journalisten-schule», antwortete ich. Hier konnte ich mit meiner Bild-Ver-gangenheit wenigstens punkten! Mick hakte sofort nach: «Wo denn bei der Bild? Ich habe auch für die gearbeitet.» Sofort fiel mir ein, warum mir sein Name so bekannt vorkam: Das muss der Reporter gewesen sein, der sich bei dem Birgenair-Absturz in den geschützten Bereich geschmuggelt hatte. Mick war das, was man als «Boulevardsau» bezeichnet, einer von denen, die für eine gute Geschichte auch ihre Oma verkaufen würden. Durch seine gepflegte Rücksichtslosigkeit war er als Boulevard-reporter extrem erfolgreich und kam von seinen Drehs häufig mit einem «Ick hab se heulend!» zurück.

Wochen später sichtete ich einmal ein Interview, das Mick mit der hinterbliebenen Ehefrau eines Unfallopfers vom Seil-bahnunglück in Cavalese geführt hatte. Die Frau war beein-druckend stark und beherrscht, bis der erbarmungslose «Wit-wenschüttler» sie fragte, ob ihr das denn nicht weh täte, wenn sie an den zerschmetterten Körper ihres Mannes dachte, wie er da lag in seinem eigenen Blut. Dann fing die Frau an zu weinen, und mein Kollege hatte endlich sein Ziel erreicht. Da rutschte mir etwas heraus, was ich sonst eigentlich nie sage: «Du bist echt ein Arsch!» Mick lachte nur; es schien ihm eher zu schmeicheln, als dass es ihn beleidigte.

Wenn er ein Opfer oder einen Angehörigen erstmal ge-funden hatte, konnte er jeden einlullen. Da war es egal, ob er leibhaftig vor ihnen stand oder die Leute nur am Telefon hatte. Ich habe so etwas noch nie erlebt: Er schaffte es, die Leute dermaßen um den Finger zu wickeln, dass sie anschließend nur noch nach seinem Klingelzeichen die Tür öffneten oder ans

Telefon gingen. Nachdem er das Klingelzeichen vereinbart hatte, testete er noch einmal, ob sich seine Protagonisten auch daran hielten, und lachte sich schief, wenn sie es tatsächlich taten. Wenn nicht, erklärte er ihnen das Ganze noch einmal, bis sie endlich das machten, was er von ihnen verlangte. Für jeden Psychologen wäre er ein gefundenes Fressen, ein unendliches Betätigungsfeld, aber in puncto Recherche konnte man viel von ihm lernen. Da wir eine gemeinsame Bild-Vergangenheit hatten, fühlte er sich mir sofort verbunden und nahm mich mit zu seinem Platz, um mich den drei anderen Crime-Kollegen vorzustellen, die übrigens auch alle von der Bild kamen: «Das ist Kerstin, die kommt von der Bild, die kann was.» Ich fühlte mich natürlich geschmeichelt und freute mich, dass ich – anders als auf der Journalistenschule – endlich wieder in einem Umfeld war, dass meine Bild-Zeit zu würdigen wusste.

Dann wurde die Konferenz eingeläutet. Es begann zunächst so, wie ich es kannte: Jeder nahm eine Bild, seine Aufzeichnungen und seinen Stuhl, allerdings nicht, um ihn quer über den Flur in ein anderes Büro zu schieben; hier fand die Konferenz einfach rund um die Chef-Insel mitten im Großraumbüro statt. Und noch etwas war anders, als ich es gewohnt war: die Stimmung. Niemand wirkte aufgeregt oder angespannt. Die Chefs verlasen die Quoten und erörterten, warum das eine oder andere Stück ihrer Meinung nach gut oder weniger gut funktioniert hatte, anschließend wurde um Vorschläge für die aktuelle Sendung gebeten. Es wurde tatsächlich gebeten! Man konnte ein Thema vorschlagen oder auch nicht, wer keins hatte, fiel nicht unangenehm auf. Genau genommen orientierte man sich hier komplett an dem, was in der Bild stand, es war nicht besonders viel Phantasie gefragt. Die Redakteure mussten lediglich die größte deutsche Boulevardzeitung lesen und sagen, welchen Artikel sie filmisch umsetzen wollten. Der enorme Themendruck, den es bei der Bild gab, fiel hier offenbar weg. Wie großartig! Mit Ausnahme weniger Beiträge war das Programm nichts anderes als die verfilmte Bild.

Zumindest auf den ersten Blick schien die Arbeit hier viel weniger stressig als in meiner alten Redaktion. Und das nicht nur, weil uns die lästige Themensuche erspart blieb, auch sonst waren die Fernsehchefs deutlich entspannter als ihre Bild-Kollegen: Die Sendekritik fiel harmloser aus, und während bei der Bild selbstverständlich erwartet wurde, dass wirklich jede Idee realisiert wurde, akzeptierten es meine neuen Vorgesetzten, wenn ein Beitrag nicht zustande kam. Schließlich konnte man – anders als bei der Zeitung – beim Fernsehen nicht einfach irgendwelche Leute, die sich unbedacht in ein Gespräch verwickeln ließen, zitieren, man musste sie überreden, sich vor der Kamera interviewen zu lassen, und das war deutlich schwieriger. Auch war es nicht möglich, ausländischen Touristen einfach irgendwelche Statements in den Mund zu schieben. Es war ehrlicher. Meistens. Natürlich gab es auch beim Fernsehen «schwarze Schafe», Redakteure, die Protagonisten wie Schauspieler bezahlten, damit sie behaupteten, ihren Partner regelmäßig zu betrügen, panische Angst vor Katzen zu haben oder Kaugummi zu kauen, um schlank zu bleiben. Da aber die Erwartungshaltung der Chefs weniger hoch und ein Misserfolg für sie immerhin im Bereich des Möglichen lag, konnte man beim Fernsehen problemlos erfolgreich sein, ohne zu schummeln. Hier reichte es, ein Gespür für Geschichten und Talent zum Texten zu haben. Wer trotzdem trickste, war meiner Erfahrung nach entweder extrem ehrgeizig oder als freier Produzent einfach scharf aufs Geld. Auf beide Gattungen bin ich in meiner Zeit beim Privatfernsehen häufig gestoßen. Anders als bei der Bild war Panik vor einem Anpfiff der Chefs sicher nie der Auslöser.

Aber auch sonst war beim Fernsehen einiges anders, als ich es kannte: Im Gegensatz zu den Bild-Kollegen mussten die Fernsehreporter nicht regelmäßig die Polizeipressestellen abtelefonieren – natürlich nicht. Da sie nicht nur für Berlin-Brandenburg, sondern für ganz Deutschland zuständig waren, wäre das gar nicht zu schaffen gewesen. Von schlimmen Gewaltverbrechen erfuhren wir also entweder durch die Nachrichtenagenturen, deren Ticker wir permanent auf unseren Bildschirmen verfolgen mussten, oder wir lasen sie am nächsten Tag in den Boulevardzeitungen.

Ich fühlte mich vom ersten Moment an wohl in meiner neuen Redaktion. Die Polizeireporter beschäftigten mich derart mit Recherchen, dass ich erst mal gar nicht dazu kam, das Nachruf-Angebot meines Kollegen Matthias anzunehmen. Ich musste Opfern und Tätern aus ganz Deutschland hinterhertelefonieren und stellte fest, dass die Fernsehrecherche deutlich kniffliger war. Da zu den Polizeistationen kein enger Kontakt gepflegt wurde, bekam man nur noch das Namenskürzel und die Stadt der gesuchten Person genannt. Einen Heiko S. in Hannover zu suchen, war ziemlich aussichtslos, nur wenn er in einem kleineren Ort lebte, hatte man eine Chance, ihn zu finden, sogar eine ziemlich große. Obwohl ich es bereits kannte, staunte ich doch jedes Mal aufs Neue, wie gut Nachbarn, Gastwirte, Friseure oder Bäckereifachverkäuferinnen über ihr Umfeld Bescheid wussten. Ich dagegen wäre wohl eine undankbare Interviewpartnerin gewesen, die über ihre Nachbarn lediglich so etwas hätte kundtun können wie: «Er hat immer so nett gegrüßt.» Solche Äußerungen schafften es nur ins Fernsehen, wenn sonst wirklich niemand sprechen wollte.

Da sich die lautesten, dominantesten und erfahrensten Redakteure meiner so selbstverständlich annahmen, glaubten die Chefs wohl, eine versierte Redakteurin gewonnen zu haben, was mir schon in den ersten Tagen meines unbezahlten Praktikums den Spätdienst einbrachte: Meine Aufgabe war es, die Nachrichtenagenturen zu überwachen und Alarm zu schlagen, wenn etwas Wichtiges passierte. Mick hatte mir angeboten, dass ich ihn jederzeit anrufen könnte, wenn ich mir nicht sicher war, ob ein Ereignis wichtig für uns war oder nicht. Er kümmerte sich intensiv um mich, und als Gegenzug teilte ich regelmäßig meine mitgebrachten Pausenbrote mit ihm; Mick war bekannt dafür, den Praktikantinnen ihr Essen aus den Rippen zu leiern. Ich bemühte mich, auch allen anderen Redakteuren gegenüber hilfsbereit zu sein, was mir eine ziemlich unverschämte Privatrecherche für eine Kollegin einbrachte. Es war bestimmt schon 22 Uhr, als in meinem Spätdienst plötzlich das Telefon klingelte – Melanie war am Apparat: «Kerstin, ich habe solchen Stress: Ich brauche unbedingt noch ein Hotel in Österreich zum Skifahren, kannst du mir nicht helfen, die Unterkünfte in den Skiorten abzutelefonieren? Du hast doch bestimmt gerade eh nichts zu tun. Dafür kannst du auch beim nächsten Mal mit zu einem Dreh kommen.» Ich wollte unglaublich gerne mal mit «auf Dreh» gehen, außerdem hätte ich mich eh nicht getraut, die Bitte abzuschlagen, zum einen, weil es mir ohnehin immer schwerfiel, nein zu sagen, zum anderen war ich neu und wollte niemanden verärgern. Also telefonierte ich stundenlang österreichische Skihotels ab, die meiner Kollegin entweder zu teuer oder nicht komfortabel genug waren, bis ich endlich – lange nach Feierabend – doch noch etwas Passendes fand. «Vielen Dank, ich werde mich revanchieren!», flötete Melanie überschwänglich in den Hörer. Und das war eigentlich das Letzte, was ich von ihr hörte, was nicht daran lag, dass sie im Skiurlaub von einer Lawine verschüttet wurde, sondern eher daran, dass sie überhaupt nicht die Absicht hatte, mich irgendwann einmal mitzunehmen.

In dieser Zeit unterhielt ich zu einigen meiner Bild-Kollegen noch immer ein freundschaftliches Verhältnis. Sie hatten sich vorgenommen, mir zu helfen, bei meinem neuen Arbeitgeber Fuß zu fassen. Da ich nicht bei der direkten Zeitungskonkurrenz, sondern «nur» beim Fernsehsender arbeitete, stellte das für sie kein Problem dar, ich lief sozusagen «außer Konkurrenz». Etwa zwei Wochen nach Praktikumsbeginn klingelte mein Handy, das ich mir extra für den neuen Job zugelegt hatte. Ein ehemaliger Bild-Kollege war am Apparat: «In Berlin ist ein Mord passiert! Ein Eifersuchtsdrama!» Die Agenturen hatten noch nichts gemeldet, aber die Berliner Polizeipressestelle bestätigte die Nachricht: Ein Familienvater hatte hinter einer Telefonzelle seiner Frau und ihrem jungen Liebhaber aufgelauert und beide erschossen. Zurück blieben vier minderjährige Mädchen. Mein Bild-Kollege drängelte: «Ein Reporter von uns ist schon unterwegs, das ist eine große Nummer!» Ich lief sofort zum CvD, zum Chef vom Dienst, der für die aktuelle Sendung zuständig war, und erzählte ihm, was passiert war. Er reagierte prompt, bestellte ein Kamerateam und schickte mich raus zum Tatort. Zur Unterstützung sollte ich noch einen anderen Praktikanten mitnehmen, Jan. Ich war froh, nicht allein drehen zu müssen, außerdem mochte ich meinen Mitpraktikanten. Gemeinsam machten wir uns also auf den Weg, filmten den Tatort und warteten auf einen Anruf von Mick, der uns die Adresse der hinterbliebenen Kinder mitteilen wollte – mein alter Bild-Kollege war aber schneller. Von ihm erfuhren wir, dass sie gar nicht weit vom Tatort entfernt wohnten. Kurze Zeit später standen wir vor dem schönen Berliner Altbau, als Jan und mich das schlechte Gewissen übermannte. Sollten wir da wirklich klingeln? Eigentlich trauten wir uns beide nicht richtig, verstanden uns aber immerhin so gut, dass wir uns das eingestehen konnten. «Wahrscheinlich ist doch eh niemand da. Die können die vier minderjährigen Kinder schließlich nicht in der Wohnung lassen!», mutmaßte Jan, und ich stimmte ihm zu: «Da macht bestimmt keiner auf.» Voller Hoffnung, dass unsere Vermutung zutreffen würde, stiegen wir die knarrenden Holztreppen nach oben, während das

Kamerateam im Auto wartete. Jan war studierter Physiker und hatte bisher keinerlei journalistische Erfahrung; er war durch einen privaten Kontakt zu diesem Praktikum gekommen, von dem er sich erhoffte, dass es ihm den Einstieg ins Mediengeschäft ermöglichen würde. Mich erwischte wieder meine «Erwartungen-nicht-enttäuschen»-Haltung, schließlich setzte man bei mir selbstverständlich eine gewisse Hemmungslosigkeit voraus, nachdem ich mich offenbar bei der Bild behauptet hatte. Ich dachte an meinen Freund und daran, was er zu diesem Rückfall sagen würde – begeistern würde ihn das sicher nicht. Weil Jan von meiner Vergangenheit wusste, überließ er mir spontan den Vortritt, als nach unserem Klingeln wider Erwarten doch jemand die Tür öffnete. Es war eine Verwandte der Toten, die verweint vor uns stand. Ich druckste herum: «Guten Tag, wir haben von der schlimmen Geschichte gehört und würden gerne die Mädchen dazu befragen.» «Meinen Sie nicht, die haben jetzt andere Sorgen?», entgegnete die Frau matt. Und ich konnte nicht anders, als ihr zuzustimmen. Mein Herz klopfte bis zum Hals, und ich fühlte mich schrecklich elend. «Vielleicht können Sie mir Ihre Telefonnummer geben, dann würde ich mich in den nächsten Tagen noch einmal melden.» Die Frau ging tatsächlich in die Wohnung und kam mit einem Zettel, auf dem die Nummer stand, zurück. Weiter hinten im Flur schaute ein etwa 16-jähriges Mädchen mit rot verweinten Augen um die Ecke, wahrscheinlich eine der Töchter. Ich schämte mich schrecklich dafür, hier geifernd vor ihrer Wohnungstür zu stehen. Wortlos schlichen Jan und ich zurück zum Kamerawagen, wir fanden unseren Job gerade abartig. In der Redaktion verkauften wir unseren Besuch allerdings als Sieg: «Sie wollen nochmal darüber nachdenken, ob sie uns ein Interview geben. Aber das wird schon klappen, sie haben nicht nein gesagt.» Unsere Chefs schlugen vor, den Mädchen ein stattliches Honorar anzubieten. Ich staunte. Bei der Bild hatte ich es nur einmal erlebt, dass die Protagonistin Geld erhielt: Angelika K., die Frau mit der verpfuschten Dauerwelle, hatte für ihr Interview eine «Aufwandsentschädigung» bekommen. Diese Mädchen sollten nun einen dreistelligen Betrag bekommen – beim Fernsehen saß das Geld offenbar lockerer.

Doch bevor wir den drei Halbwaisen dieses Angebot unterbreiten konnten, klingelte schon wieder mein Handy. Im Display erkannte ich die Nummer eines befreundeten Bild-Reporters: «Kerstin, ich will dich nur vorwarnen: Die Mädchen wollen jetzt offenbar sprechen, ein Kollege von der Polizeiredaktion fährt gleich zu ihnen. Wenn du die Geschichte machen möchtest, solltest du dich beeilen.» Was für eine Pleite, wenn das Interview am nächsten Tag in der Bild stehen würde! Glücklicherweise wusste mein ehemaliger Bild-Kollege, wie sehr das meinem Ansehen in der neuen Redaktion schaden könnte, und bewahrte uns mit seiner freundschaftlichen Warnung vor diesem Misserfolg. Dementsprechend dankbar war ich für diesen Tipp.

Sobald ich aufgelegt hatte, rannte ich hektisch zu Jan, der einige Schreibtische entfernt saß. Aufgeregt versuchten wir, jemanden unter der angegebenen Telefonnummer zu erreichen, ohne Erfolg. Also sagten wir eilig den Chefs Bescheid und rasten zum Haus der Mädchen: In diesem Moment war jegliches Mitgefühl ausgeschaltet und der Jagdtrieb erwacht. Wir sausten die Treppe hoch, klingelten und verhandelten noch an der Türschwelle den Preis für ein Interview, woraufhin uns die Verwandte tatsächlich in die Wohnung ließ, ein schöner Altbau mit hohen Decken und großen Fenstern. Sie war nicht teuer eingerichtet, aber man hatte sich Mühe gegeben, es gemütlich zu machen. Neugierig spähte ich auf jedes Foto, das die ganze Familie als lachende Einheit zeigte. Was für ein Drama! Im Wohnzimmer saßen die vier Mädchen auf einem Sofa und sahen uns ausdruckslos an. Die Jüngste drückte sich an das älteste Mädchen, das wir gestern bereits im Flur gesehen hatten. Der eigene Vater hatte sie zu Halbwaisen gemacht, sie wollten mit ihm nichts mehr zu tun haben, erklärten sie. Es war ohnehin vor allem die Mutter, die sich um die vier Mädchen gekümmert hatte. Und die fehlte ihnen jetzt natürlich. Wie wir von der Verwandten erfuhren, wollte der Anwalt des Vaters seinen Mandanten für eingeschränkt schuldfähig erklären, die Mädchen aber forderten wohl eine harte Strafe für ihn. Das war vermutlich auch der Grund, warum sie dem Interview zugestimmt hatten – mal abgesehen von dem Geld, das die vier bestimmt benötigten.

Heute frage ich mich, ob die Mädchen in ihrem Alter und dieser Situation überhaupt in der Lage waren, eine solch rationale Entscheidung zu treffen, einem Fernsehsender ein Interview zu geben, um sich öffentlich vom Vater zu distanzieren. Vermutlich haben irgendwelche Erwachsenen auf sie Einfluss genommen, ohne darüber nachzudenken, ob man die Kinder nicht eher vor der Presse schützen sollte, anstatt sie ihr auszuliefern. Aber darüber habe ich damals nicht nachgedacht. Ich war nur froh, dass wir die Mädchen im Interview hatten, während der Bild-Reporter an der Tür abgewiesen wurde. Mein erstes Fernsehinterview!

Erst im Schnitt merkte ich, welch gravierenden Fehler ich dabei – mal vom Menschlichen abgesehen – begangen hatte: Während des Sichtens fiel mir ein regelmäßig auftauchendes Brummen auf. «Hm», «hm», «hm» machte es in ziemlich gleichmäßigen Abständen. Da es wie immer sehr laut im Büro war, glaubte ich zunächst, das käme gar nicht von meinem Band. Als ich aber die Kopfhörer absetzte, war kein Brummen zu hören, also schaltete ich das Gerät wieder an und schrieb weiter das Interview ab. «Hm, Hm, Hm» tönte es, und ich rätselte, was das wohl sein könnte, bis ich irgendwann entsetzt darauf kam. Das war ich! Ich hatte keine Ahnung, dass man als

Fernsehredakteurin den Protagonisten zwar aufmunternd zu-
nicken, es aber unbedingt vermeiden sollte, zustimmend «hm»
zu brummen. Mein erstes Interview – so ein Desaster! Es war
kaum sendbar und jeder, der mal kurz ins Interview hörte, um
zu entscheiden, ob wir das nun ausstrahlen konnten oder nicht,
zog zerknirscht die Stirn in Falten. Nur der Umstand, dass wir
selten vor der Bild ein Interview präsentieren konnten, brachte
diesen Beitrag «auf Sendung». Ein erfahrener Kollege half Jan
und mir im Schnitt – das trauten uns die Chefs dann doch noch
nicht zu, schließlich dauerte es bei den meisten Anfängern einige Monate, bis sie Beiträge allein umsetzen konnten. In einer
Länge von 4 Minuten und 4 Sekunden lief am 9. Januar mein
erstes eigenes Fernsehstück: «Die Kinder vom Savignyplatz
– von Jan Westhoff und Kerstin Dombrowski».

In meiner neuen Redaktion freute ich mich auf jeden neuen Arbeitstag und hoffte inständig, dass man mir nach Ablauf des zweimonatigen Praktikums einen Vertrag anbieten würde. Meine ursprünglichen Studienpläne, durch die ich überhaupt in den Medienbereich geraten war, lagen noch immer auf Eis. Anders als auf der Journalistenschule fühlte ich mich hier auch ohne Hochschulabschluss vollwertig und vor allem pudelwohl. Da meine Beiträge nun konsequent der Wahrheit entsprachen, konnte ich mich jederzeit ans Telefon trauen. Es gab keine furchteinflößenden Chefs und keine unerfreulichen Konferenzen – ich war zum ersten Mal in meinem Beruf glücklich. Mein Freund hielt zwar nach wie vor nicht viel vom Boulevardjournalismus, fand meinen neuen Arbeitgeber aber eindeutig weniger gemeingefährlich als den alten; vor allem aber freute er sich, endlich wieder eine zufriedene, ausgelassene Freundin zu haben, die nicht mehr permanent panisch nach Themen suchte.

Sogar bei der Arbeit hing ich nicht ständig über allen Zeitungen der Nation: Wenn mal nichts zu tun war, setzte ich mich gemütlich zum Quatschen zu meinen Kollegen in die Crime-Ecke, da war immer am meisten los. Es wurden persönliche Dinge besprochen, über die schlechten Beitragstexte vom Vortag («der Scharlatan hinter der Adonis-Fassade») gescherzt oder über die neue Kollegin, die angeblich mit einem unserer Vorgesetzten vor einem Hotel gesehen wurde, gelästert – dieser Vier-Reporter-Schreibtisch war die beliebteste Anlaufstelle der ganzen Redaktion.

Eines Tages rief Mick: «He, Jungs, hört mal, die Agentur meldet gerade, dass in Nordrhein Westfalen ein Mädchen verschwunden ist – alles deutet auf eine Straftat hin.» Sofort waren alle Klatschgeschichten vergessen, und es wurde hektisch. Einer rief bei der ortsansässigen Polizeipressestelle an, ein anderer informierte die Chefs, und die restlichen Redakteure telefonierten Bäckereien, Friseure und Gaststätten ab. Als zwei Reporter später den nächsten Flieger nach Münster nahmen, hatten wir schon den Namen des Mädchens und seine Adresse herausgefunden und wussten, dass es mit seiner Mutter und der siebenjährigen Schwester in einem abgelegenen Haus gelebt hatte.

Zur gleichen Zeit suchten etwa 300 Polizisten und sämtliche Familienangehörigen nach der verschwundenen Elfjährigen. Meine Kollegen begleiteten die Suchaktion mit der Kamera und interviewten die besorgten Verwandten, die noch immer hofften, das Mädchen würde lebendig wiederauftauchen.

Einen Tag später wurde jedoch die Leiche von Spaziergängern gefunden – vom Täter fehlte jede Spur. Da nun keiner aus der Familie weitere Interviews geben wollte, wurden die Polizeireporter in die Redaktion zurückzitiert, sicherheitshalber sollte trotzdem jemand vor Ort bleiben, der Kontakt zu den Verwandten hielt. Mick schlug mich vor, als alte Bild-Reporterin hatte ich schließlich Erfahrung in solchen Dingen, meinte er. Ich lächelte zuversichtlich und wollte mal wieder nicht zugeben, dass mich diese Geschichte überforderte und ängstigte. Zudem hielt ich es für eine gute Chance, in dieser Redaktion den ersehnten Job zu ergattern. Deshalb stand ich kurze Zeit später am Flughafen zwischen lauter Geschäftsreisenden in Anzügen und war schwer beeindruckt: So viel Geld wurde in der Bild-Lokalredaktion nicht für Recherchen ausgegeben, ich hatte das Gefühl, die Karriereleiter beachtlich nach oben geklettert zu sein. Als dann am Flughafen Münster auch noch ein Mietwagen auf mich wartete, waren erst mal alle unschönen Gedanken beiseitegeschoben. Ich fühlte mich wie eine erfolgreiche Businessfrau, drehte die Musik im Autoradio laut und fuhr singend in den beschaulichen 20 000-Einwohner-Ort, in dem ein auf unbestimmte Zeit gebuchtes Hotelzimmer auf mich wartete. Am nächsten Morgen entdeckte ich im Frühstücksraum ein Fernsehteam von der Konkurrenz – an dem gelben Mikrophonschutz erkannte ich gleich, von welchem Sender sie kamen. Ob sie wohl ahnten, dass auch ich Reporterin war?

Nach dem Frühstück machte ich mich zu Fuß auf den Weg zum Pfarrer, der einen engen Kontakt zur Familie hielt und mir freundlich Auskunft über ihr Befinden gab. Als ich mich verabschiedete, hielt er meine Hand fest und bat mich inständig, die trauernden Angehörigen in Ruhe zu lassen. Mein Gewissen schrie sofort: «Ja, natürlich!», doch die Reporterin in mir hielt stur dagegen: Wenn ich nicht klingele, tun's die Kollegen vom «Feindsender». Und wenn die das Interview kriegen und ich nicht, bekomme ich Ärger. Das versuchte ich auch dem Pfarrer zu erklären, der allerdings nur resigniert den Kopf schüttelte.

Schon wieder fühlte ich mich scheußlich und stieg missmutig in den Mietwagen. Auf dem Weg zu dem entlegenen Haus des ermordeten Mädchens bastelte ich mir eine Rechtfertigung zurecht, warum ich solche Dinge überhaupt machte; schließlich war ich mir bewusst, dass die Eltern überhaupt kein Interesse daran hatten, sich weinend vor die Fernsehkamera eines Privatsenders zu setzen. Wozu auch? Sie wollten jetzt am liebsten ihre Ruhe haben. Aber ich redete mir ein, dass es besser war, mich zu treffen als herz- und hemmungslosere Exemplare. Mit dieser schrägen Version im Kopf hielt ich vor dem bisherigen Wohnhaus des Mädchens. Es sah selbst von außen gemütlich aus. Mein Herz klopfte bis zum Hals, als ich den Klingelknopf betätigte. Nichts geschah. Ich lugte unauffällig durch das Küchenfenster und sah, dass im Flur Licht brannte – also klingelte ich nochmal. Eine müde aussehende Frau mit tiefen Augenringen öffnete die Tür. Nachdem ich erklärt hatte, wer ich war, sagte sie mit gequälter Stimme: «Lassen Sie uns doch bitte in Ruhe.» Dann schloss sie die Tür. Ich wagte es nicht, erneut zu klingeln, und ging bedrückt zum Auto zurück. Das Schlimmste hatte ich hinter mir: Bei den Eltern zu klingeln war wirklich das Allerletzte.

Im Laufe des Tages klapperte ich alle Verwandten ab, die mich meist gleichermaßen kraftlos abwiesen. Der Moment, in dem ich mich ihnen als Fernsehreporterin vorstellte, blieb bei jedem weiteren Versuch schrecklich. Das war nichts, an was man sich gewöhnte. Trotzdem klingelte ich beharrlich an den Türen sämtlicher Angehörigen – schließlich wollte ich nicht, dass meine Chefs bei der Konkurrenz das Interview sahen, das sie gerne selbst in der Sendung gehabt hätten. Erstaunlicherweise erklärte sich tatsächlich eine Tante bereit, mit mir zu sprechen. Aufgeregt rief ich in der Redaktion an und orderte ein Kamerateam, das überraschend schnell, nur wenige Stunden später, eintraf. Am Fundort der Leiche erzählte die Frau, wie sie das Haus betreten hatte und, als sie den Bademantel des Mädchens am Boden sah, sofort ahnte, dass etwas nicht in Ordnung war. Mir kullerten die Tränen über die Wange. Ich dachte an meinen kleinen Bruder, der nur wenig jünger war als das Mädchen, das gerade missbraucht und ermordet im Wald gefunden worden war. Da ich das Weinen nicht unterdrücken konnte, verlor auch die Tante die Beherrschung, und wir mussten das Interview abbrechen. Zurück im Teamwagen drehte sich der Kameramann grinsend zu mir um, hob den Daumen und sagte anerkennend: «Cooler Trick.» Ich wusste zunächst gar nicht, was er meinte, und habe ihn anscheinend entsprechend dumm angeschaut, deshalb setzte er nach: «Na, das mit dem Weinen.» Ich war verblüfft, entsetzt und angewidert. Dachte er wirklich, ich hätte absichtlich geweint? So abgebrüht konnte doch niemand sein! Diese Idee erschien mir so abstoßend, dass ich nicht einmal Lust hatte, den Kameramann aufzuklären. Ich wollte einfach gar nicht mehr mit ihm sprechen, sondern nur noch aussteigen.

Als ich am Abend meinem Freund von diesem Vorfall erzählte, fragte er mich, was ich denn erwarten würde: «Die machen das bestimmt schon eine Weile, da stumpft man ab. Müssen sie doch auch, sonst würden sie diese Arbeit gar nicht durchhalten.» Deprimiert kuschelte ich mich unter die steife, nach Chemie riechende Hotelbettdecke. Ich wollte nicht abstumpfen, ich wollte so bleiben, wie ich war: menschenfreundlich, nicht hartherzig. Vielleicht sollte ich doch einen anderen Weg einschlagen? Mit diesem Gedanken schlief ich ein.

Am nächsten Tag erfuhr ich, dass ich vorsichtshalber vor Ort bleiben sollte. Immerhin war der Mörder des Mädchens noch nicht gefasst, und meinen Vorgesetzten war es wichtig, dass ich vorerst Kontakt zu der Familie hielt, falls die Polizei in den nächsten Tagen seine Festnahme bekannt geben sollte. Also besuchte ich weiterhin regelmäßig die Angehörigen des Mädchens, wenn auch nicht die Eltern – das traute ich mich nicht mehr –, sondern nur die unzähligen Onkel und Tanten. Mein Kamerateam war längst wieder abgereist, und so kam ich jedes Mal nur zum Reden. Manchmal hatte ich das Gefühl, dass die Angehörigen es beinahe genossen, stundenweise jemanden um sich zu haben, der nicht direkt betroffen war. Sie vertrauten mir vieles an, was für die Presse durchaus interessant gewesen wäre, ich aber für mich behielt – diesen letzten Rest Anstand wollte ich mir bewahren. Da die Familie meine Integrität schätzte und ich durch die Polizei häufig besser als sie über den aktuellen Ermittlungsstand Bescheid wusste, wurde ich in dieser Zeit beinahe zum gerngesehenen Gast. Als ich von der Festnahme des mutmaßlichen Mörders erfuhr, wählte ich sofort die Nummer der Tante, mit der ich mich am besten verstand: «Sie haben ihn! Aber ich weiß nichts über den Täter, darum machen die Polizisten ein ziemliches Geheimnis.» Die Angehörigen kamen dann jedoch ziemlich schnell dahinter: Ausgerechnet ein Onkel des Mädchens entpuppte sich als Mörder. Nach diesem Schock zogen sich die Angehörigen erst mal zurück. Weitere Kollegen wurden zur Unterstützung geschickt – mein Hotel quoll über vor lauter Journalisten, die abends gemeinsam an der Bar saßen. Bei dieser Gelegenheit versuchte mir einer der Kollegen ein bisschen näherzukommen, Sven nahm meine Hand, tätschelte mein Bein und ignorierte meine leisen Signale, dass ich daran kein Interesse hätte. Als ich schließlich wütend erklärte, dass er mich endlich in Ruhe lassen sollte, war er beinahe beleidigt.

Kurze Zeit später, als vor Ort alle Interviews abgedreht waren und wir zurück in die Redaktion durften, wurde ausgerechnet dieser Kollege mein CvD. Für meinen «Korb» revanchierte er sich mit anstrengenden Doppelschichten, in denen ich erst den Frühdienst absolvierte und anschließend noch in den Schnitt geschickt wurde, sodass meine Arbeitstage locker vierzehn Stunden dauerten statt der normalerweise üblichen neun. Zusätzlich quälte er mich mit Beitragsabnahmen, in denen er als Chef mein Stück bewerten sollte, was mich durch unzählige Änderungswünsche zahllose Extrastunden im Schnitt kostete. «Oben sticht unten!», pflegte er zu sagen, wenn ich mich gegen diese Umschnitte wehrte. Irgendwann hatte ich die Nase voll und wandte mich an seinen Vorgesetzten, den Redaktionsleiter, dem mein Stück, so wie es war, gut gefiel. Anschließend ging ich direkt zu Sven: «Über-oben sticht oben! Ich soll übrigens nicht umschneiden, meint Tom», verkündete ich triumphierend.

Nach diesem Machtkampf hatte ich endlich Ruhe, und erstaunlicherweise verstanden Sven und ich uns seitdem sogar recht gut.

Zu Hause telefonierte ich weiterhin regelmäßig mit der Familie des ermordeten Mädchens; es fühlte sich falsch an, erst jeden Tag um sie herumzuschleichen und sie dann abrupt fallenzulassen, weil für den Fernsehsender die Geschichte «durch» war.

Mir steckte also noch der erste Mädchenmord ziemlich in den Knochen, als ich bereits zum nächsten gerufen wurde: Wieder war die Tote nur wenig älter als mein kleiner Bruder, wieder war sie sexuell missbraucht worden, und wieder fanden Passanten die Leiche in einem Waldstück. Diesmal war ich von Anfang an mit vier weiteren Kollegen vor Ort; ich sollte mit André zusammenarbeiten, einem netten und aufrichtigen Kerl, der leider viel zu ehrgeizig war. Heute ist er selbst Vater, und ich frage mich, ob er sich noch immer so verhalten würde, wie er es damals getan hat.

Von einem gesprächigen Polizisten hatten wir erfahren, dass der Mörder des Mädchens offenbar zwei Jahre zuvor schon einmal ein Kind missbraucht hatte, was eine DNA-Analyse ergab. Durch penetrantes Nachbohren brachten wir auch den Namen und Wohnort der Familie in Erfahrung und fuhren sofort zu ihr hin. Es war vormittags, das Mädchen saß noch in der Schule, die Mutter war einkaufen, und der alt und traurig aussehende Vater öffnete uns die Tür. Er hatte schon von der Polizei erfahren, dass der Vergewaltiger seiner Tochter nun ein gleichaltriges Mädchen ermordet hatte; man sah ihm an, wie tief ihn dieses Ereignis getroffen hatte. Da er uns nicht ins Haus lassen wollte, kam er zu uns auf die Straße und erzählte, wie schlimm das alles für ihn wäre. Damals hätten seine Frau und er versucht, ihrer Tochter ein neues Umfeld zu schaffen, in dem niemand etwas von der grausamen Tat wusste. Das Mädchen hätte die Schule gewechselt und, wenn ich mich richtig erinnere, waren sie sogar umgezogen. Mein Kollege nickte betroffen und machte sich vorsichtig daran, den armen Mann zu einem Interview zu überreden: «Man muss doch zeigen, wie gefährlich der Täter ist, man muss doch die Bevölkerung sensibilisieren. Kindesmissbrauch ist noch immer ein Tabuthema, das darf es nicht bleiben.» Erst schüttelte der Mann vehement den Kopf, dann warf er ein, er wolle erst mit seiner Frau darüber sprechen, und zum Schluss war er fast bereit, sich von uns drehen zu lassen. Ich war entsetzt: «Überlegen Sie es sich lieber noch einmal, und besprechen Sie das mit Ihrer Frau», argumentierte ich gegen diese Wahnsinnsentscheidung, die alle Bemühungen der Familie, inkognito und von der alten Geschichte unbehelligt zu leben, zunichte gemacht hätte. Mein Einwand schien den Mann wachzurütteln, und er erklärte: «Ich rede mit meiner Frau darüber, und dann rufen wir Sie an.»

«Ich kann nicht glauben, dass du das getan hast!», wetterte mein Kollege wenig später, als wir gemeinsam ein Restaurant für unser Mittagessen suchten: «Du hast uns die Geschichte versaut!» Aber ich war sicher, genau das Richtige getan zu haben, und fühlte mich nur ein wenig unwohl, meinen Kollegen verärgert zu haben. Aber ich blieb dabei: Nur für unser Erfolgserlebnis und einen dramatischen Dreiminüter im Abendprogramm konnte man die Familie nicht ins Unglück stürzen. Das schien die Mutter des Mädchens genauso zu sehen: Sie sagte noch am selben Tag ein Interview für alle Zeiten ab. André war stinksauer, verriet mich aber trotzdem nicht bei unseren Chefs oder Kollegen: «Es hat leider nicht geklappt», erklärte er ihnen nur knapp am Telefon und ging dann geduldig mit mir Kleidung einkaufen. Ich hatte nicht damit gerechnet, so lange unterwegs zu sein, und hatte dementsprechend zu wenig eingepackt.

Unsere Tage verliefen immer gleich: Morgens frühstückten wir alle gemeinsam und teilten auf, wer zu welchen Angehörigen und wer zu den Pressekonferenzen fahren sollte, dann zogen wir los und trafen uns entweder am Nachmittag beim Überspielen des gedrehten Materials wieder, das per Satellit nach Berlin geschickt wurde, oder später bei der «Live-Schalte». Das waren immer besonders aufregende Momente, und wir fieberten intensiv mit dem Kollegen mit, der live dem Moderator zugeschaltet wurde, um die aktuellsten Neuigkeiten zu verkünden. Natürlich waren die Fragen vorher abgesprochen und der Antworttext entsprechend eingeübt. Trotzdem kam es gelegentlich zu Hängern, Versprechern und Aussetzern, sodass eigentlich nach jeder überstandenen Schalte ein wenig gefeiert wurde. Dabei vergaßen wir die aufwühlenden Momente des Tages und genossen den Feierabend. Da ich nicht trank und gerne früh schlafen ging, erlebte ich diese Gelage nur selten und ließ mir meist erst am folgenden Morgen von den Ereignissen der Nacht berichten, die je nachdem, wer dabei war, mehr oder weniger heftig ausfielen. Es gab eine Kollegin, die für ihre Offenherzigkeit berüchtigt war, sodass ein Kollege einmal äußerte: «Also, wenn das mit meiner Freundin nicht besser wird, gehe ich bald in den Puff oder zu Christina.» Aber wie gesagt: Ich erlebte solche Eskapaden selten mit. Und wenn ich ausnahmsweise einmal länger durchhielt, zogen mich meine Kollegen prompt auf: «Kerstin, die Laternen leuchten schon, und du bist noch wach?»

Nach und nach wurden bis auf André und mich alle Kollegen abgezogen, nur wir blieben so lange vor Ort, bis das Mädchen beerdigt wurde. Der Täter war noch immer nicht gefasst, und die Polizisten hatten überall um den Friedhof herum Kameras installiert, weil sie glaubten, der Täter könnte bei der Trauerfeier auftauchen und sich womöglich verraten.

Am Tag der Beerdigung schien die Sonne. Mein Kollege und ich hatten uns direkt gegenüber der Kirche postiert und wunderten uns, wie voll es auf den Straßen war. Anscheinend wollte sich der ganze Ort von dem Mädchen verabschieden. Als die Kirchentür geöffnet und ganz langsam der kleine weiße Sarg auf die Straße getragen wurde, ertönte aus den aufgehängten Lautsprechern Céline Dions «My Heart will go on» quer durch den Ort. Es war unbeschreiblich tragisch. Beinahe jeder verlor in diesem Moment die Fassung, manche weinten verschämt und leise, andere schluchzten laut auf. Auch ich war überwältigt: Dieser kleine Sarg, die vielen Leute, die gebrochenen Eltern, es war entsetzlich. Sogar André wirkte angeschlagen, auch wenn er der Einzige in meiner direkten Umgebung war, der nicht in Tränen ausbrach. Tröstend streichelte er meinen Arm. Als wir uns später gemeinsam auf den Heimweg machten, war ich froh, dieses traurige Thema hinter mir lassen zu können.

Erfreulicherweise hatten offenbar auch die Chefs gemerkt, dass ich keine geeignete Polizeireporterin war – wobei ich mich heute frage, ob sie diese Erkenntnis André verdankten. Wie auch immer: Ich musste nie wieder eine solche Mordgeschichte bearbeiten. Trotzdem bot mir der Redaktionsleiter einen Vertrag an, mit dem ich beinahe das Doppelte von dem verdiente, was ich bei der Bild bekommen hatte. Mein Hotelpraktikum sagte ich daraufhin sofort ab. Nach nur einer einzigen Praktikumsstation einen Job anzunehmen entsprach nicht ganz den Vorstellungen der Journalistenschule, doch für mich hatte es besser nicht laufen können: Ich hatte jetzt nicht nur einen journalistischen Schulabschluss, sondern obendrein noch einen Job in der Tasche. Perfekt!

Viel Zeit für abendliche Verabredungen hatte ich auch jetzt nicht. Meistens hatten wir zwar nach der Sendung Feierabend, aber häufig kamen irgendwelche Drehs, Recherchen oder einfach nette Gespräche mit Kollegen dazwischen, die manchmal noch in die umliegenden Kneipen verlagert wurden. Bei Treffen im Freundeskreis wurde ich kaum mehr fest eingeplant, zu Einladungen erschien mein Freund meist allein. Mich störte das nicht; mein Job und meine neuen Kollegen erschienen mir zu diesem Zeitpunkt spannender. Nur wenn ich beim Drehen in Diskotheken oder Clubs zufällig auf meine feiernden Freunde stieß, wurde ich ein wenig traurig. Dann merkte ich, wie anders mein Leben inzwischen verlief als ihres. Andererseits begrüßte ich die natürliche Selektion, die sich daraus ergab: Es blieben tatsächlich nur die tiefen, innigen Freundschaften bestehen, alles andere verlor sich.

Einer der Menschen, der mir glücklicherweise erhalten blieb, war Markus, der Musiker. Er war froh, dass er sich nun wieder voller Inbrunst um seine eigentlichen Aufgaben kümmern konnte und nicht mehr ständig als inoffizieller Boulevardreporter tätig werden musste. Als wir eines Abends gemeinsam essen waren, schwärmte ich ihm von meiner neuen Redaktion und den meist netten Kollegen vor, und Markus entgegnete, dass er auf einer Party gerade erst einen von ihnen kennengelernt hatte. Markus hatte ihn sofort angesprochen: «Eine Freundin von mir arbeitet bei euch, sie heißt Kerstin.» Alexander soll kurz überlegt haben und dann lachend geantwortet haben: «Ah, die mit den kurzen Röcken.» Rumms! Das saß. Ich war entsetzt, schließlich bestand ich eindeutig aus mehr als aus kurzen Röcken! Um zu verhindern, dass mich noch einmal jemand auf meine knappen Outfits reduzierte, stellte ich von diesem Tag an meine Garderobe um: Natürlich trug ich gelegentlich kurze Röcke oder ausgeschnittene Oberteile, aber eben nur noch gelegentlich. Ich kaufte mir weite Skater-Hosen, Rollkragenpullover und legere Jeans und hoffte, dass dadurch vielleicht auch das Verhältnis zu meinen Kolleginnen entspannter werden würde. Angeblich hatte unsere Moderatorin bereits im Kreise einiger Kolleginnen gegiftet, dass ich nur wegen meiner engen und kurzen Kleidungsstücke einen Vertrag bekommen hätte. Im Gegensatz zu meinen netten männlichen Kollegen nahmen mich lediglich zwei Frauen wirklich offen und freundlich auf. Die meisten anderen überraschten mich mit gelegentlichen Gehässigkeiten. Den Gipfel an Bösartigkeit erlebte ich mit Sonja, einer engagierten Redaktionsassistentin. Zu ihren Aufgaben gehörte es, Anrufe entgegenzunehmen, das Faxgerät zu bedienen, bei der Organisation von Drehs behilflich zu sein oder vergessene Tapes in die Schnitte zu bringen. Doch das war ihr, einer Frau, die regelmäßig stolz auf ihren Studienabschluss hinwies, zu wenig. Sie wollte redaktionell mitarbeiten und bemühte sich daher ausdauernd darum, irgendwelche O-Töne einzuholen, also Originaltöne, kurze Interviews. Als das Faxgerät mal wieder surrte, stand sie sofort daneben und nahm eine spannende Einladung in Empfang: Eine Stuttgarter Musicalfirma gab Journalisten die Möglichkeit, auf Hawaii das Casting für die neue «Miss Saigon» zu begleiten. Ich weiß nicht, ob es eine Art «Begrüßungsleckerli» oder eine Entschädigung für die vielen schlimmen Tote-Kinder-Drehs war, aber meine Chefs entschieden, dass ich diesen Bilderbuchauftrag übernehmen sollte. Vor lauter Glück und Vorfreude war ich ganz aus dem Häuschen – noch nie war ich so weit gereist. Und dann ausgerechnet nach Hawaii, für eine ganze Woche, das war sensationell! Da sieben Tage Drehzeit sehr großzügig für einen einzigen Beitrag kalkuliert waren, gab mir einer meiner Kollegen den Tipp, ein zweites Thema zu suchen – das würde bei unseren Chefs gut ankommen. Also machte ich mich wie früher zu Bild-Zeiten mit Feuereifer an die Themensuche, während Sonja der Musicalfirma meine Teilnahme bestätigte. Ich stöberte in Reiseführern und Zeitschriften und wurde schließlich in einem Hochglanzmagazin fündig: Auf der Hauptinsel Oahu lebte eine deutsche Pfarrerin, die sich darauf spezialisiert hatte, Japaner zu vermählen. Vielen jungen Japanern war es zu teuer, in der Heimat mit den dort üblichen unzähligen Gastgeschenken zu heiraten, weshalb sie nach Hawaii zu der deutschen Pfarrerin auswichen. Das klang skurril und würde sicher einen schönen Beitrag abgeben.

Etwa drei Tage vor dem Abflug kam plötzlich einer der CvDs mit Sonja im Schlepptau auf mich zu: «Kerstin, hast du überhaupt ein Journalisten-Visum für die USA?», fragte er mich, und ich staunte ihn verständnislos an: «Was für ein Visum?» Sonja strahlte bis über beide Ohren und wedelte auffällig mit ihrem Reisepass. «Sonja sagt, dass man in Amerika ein Visum braucht, weil man dort sonst nicht arbeiten darf. Sie hat ihres gerade abgeholt.» Sofort fiel bei mir der Groschen: Sonja wollte mich ausbooten! «Versuch doch, noch ein Visum zu beantragen», schlug mein Chef vor, aber Sonja fiel ihm sofort ins Wort: «Das ist jetzt zu spät, das dauert mindestens eine Woche.» Mein CvD sah mich mitleidig an: «Also Kerstin, wenn du kein Visum hast, wird Sonja fliegen.» Und dann gingen beide weg. Niedergeschlagen rief ich bei der Pressefrau der Musicalfirma an und erzählte ihr von meinem Dilemma. Sie war ganz überrascht, schließlich hatte sie vor zehn Tagen extra nochmal angerufen, um an das Visum zu erinnern, und da sie mich nicht erreichte, hatte sie eine Frau Schulz gebeten, es mir auszurichten. Frau Schulz – das war natürlich Sonja. Ich war entsetzt über so viel Kaltschnäuzigkeit.

Doch ich hatte Glück im Unglück: Obwohl es wirklich niemand für möglich gehalten hatte und ich von Kollegen bis heute nur Geschichten kenne, wie schwierig die Amerikaner bei solchen Angelegenheiten seien, bekam ich tatsächlich pünktlich mein Visum. Ruckzuck und unglaublicherweise innerhalb eines Tages. Sonja sah aus, als hätte sie in eine Zitrone gebissen, als ich, zurück in der Redaktion, glücklich meinen Reisepass schwenkte und damit klar war, dass nun doch ich reisen würde. Sie konnte sich nicht verkneifen, mir mitzuteilen, dass ich mich in Zukunft besser auf meine Reisen vorbereiten sollte. Aber das traf mich nicht, ich freute mich nur noch auf meinen Dreh.

In meine Vorfreude auf meine Hawaiireise mischte sich ein privater Wermutstropfen: Es kriselte heftig mit meinem Freund. Er hatte es satt, dass sich in meinem Leben alles nur um meinen Job drehte, deshalb schlug er vor, dass wir für eine Weile getrennte Wege gehen sollten, damit wir uns klar werden konnten, ob wir die Beziehung überhaupt noch wollten. Zu dieser Zeit waren wir etwa vier Jahre zusammen, seit der Schulzeit. Dazu kamen noch zwei Jahre, die ich schwer verliebt für ihn geschwärmt hatte. Die Trennung, auch wenn sie vorerst nur vorübergehend sein sollte, machte mich sehr traurig. Ich fühlte mich in der Zwickmühle: Zum einen wollte ich mich weiterhin im Job engagieren, zum anderen aber auch meine Beziehung retten – da war die Hawaii-Reise vorerst eine willkommene Ablenkung von meiner Beziehungspause.

Den ganzen Flug von Frankfurt nach Los Angeles habe ich verschlafen, und auch vom Weiterflug nach Hawaii bekam ich nicht viel mit, sodass ich am Zielort Honolulu munter aus dem Flieger stieg und ausgesprochen fit und motiviert war, während das Kcamerateam übermüdet und schlechtgelaunt versuchte, meine Drehbegeisterung zu dämpfen. Nachdem wir bestimmt zwanzig Interviews mit schönen, mandeläugigen Sängerinnen gedreht hatten, ließ ich mich endlich überzeugen, dass man wirklich nicht jede der 600 Bewerberinnen im O-Ton haben musste. Stattdessen schlugen der Kameramann und sein Assistent vor, lieber eine ausführliche Homestory mit einer einzigen Kandidatin zu machen. Gut, dass mein Team mehr Dreherfahrung hatte als ich! Unsere ausgewählte Protagonistin erwies sich als Glückstreffer: Die 20-jährige Kaoui lebte in einem kleinen schmucken Häuschen direkt am Strand, konnte spektakulär surfen und hatten einen hübschen Freund, mit dem sie permanent kuschelte und lachte. Er vertraute uns an, dass ihm die Ambitionen seiner Freundin fürchterliche Bauchschmerzen bereiteten, er sie aber unterstützen wollte, weil es ihr Traum war, Sängerin zu werden. Am Ende unseres Drehs wünschten wir Kaoui beinahe aus ganzem Herzen, dass sie es nicht schaffen würde: Nach dieser beneidenswerten Inselidylle wäre Stuttgart garantiert ein Horrortrip!

Am nächsten Tag waren wir mit der deutschen Pfarrerin verabredet. Die Frau, die mit ihren blondierten Haaren und lackierten Fingernägeln eher wie ein alternder Hollywood-Star als wie eine Pfarrerin wirkte, fiel vor Lachen fast vom Sofa, als sie erzählte, wie sehr sich die Japaner beim obligatorischen Brautkuss zieren würden. Nach Drehschluss war das Kamerateam in so guter Stimmung, dass es unbedingt noch in die noble Hoteldisko wollte, vor der mehrere rote Ferraris parkten. Ich verabschiedete mich aufs Zimmer und hatte nicht damit gerechnet, den Kameramann an diesem Tag noch einmal wiederzusehen. Doch Rolf gehörte zu der Spezies Kameramann, die sich für unwiderstehlich hielten. Er war mit Bierbauch und Überbiss zwar nur mäßig attraktiv, dafür aber sehr von sich überzeugt. Natürlich (!) drehte er nur ausnahmsweise einen Fernsehbericht, normalerweise arbeitete er nämlich beim Film, ließ er mich wissen. Eine Information, die mir in der Anfangszeit häufiger gesteckt wurde – offenbar glaubten viele, Neulinge damit beeindrucken zu können. Was die prahlenden Kameramänner nicht bedachten: Für Fernseh-anfänger wie mich waren – offenbar im Gegensatz zu ihnen – schon Fernsehbeiträge eine große Sache. Auf jeden Fall stand Rolf, kurz nachdem wir uns verabschiedet hatten, plötzlich mit einer Flasche Wein vor meinem Hotelzimmer und fragte mich augenzwinkernd, ob er eintreten dürfte. Wir haben nicht geflirtet, es hatte kein bisschen gefunkt, ich war müde – und er durfte natürlich nicht reinkommen. Glücklicherweise wurde die Stimmung dadurch nicht schlechter. Ich hatte später Kameraleute vor meiner Hotelzimmertür stehen, die nach einer Absage kaum noch mit mir sprachen.

Als ich nach einer Woche Hawaii braungebrannt zurück in die Redaktion kam, wurde ich von allen mit einem: «Na, wie war der Urlaub?» begrüßt. Ausdauernd beteuerte ich, wie viel wir gearbeitet hatten. Nur kein Neid!

Nachdem ich das ganze Material gesichtet und seiten-weise die Interviews abgeschrieben hatte, ging ich mit meinen Zetteln und unzähligen Drehkassetten in den Schnitt, um mit einer Cutterin die zwei Beiträge fertigzustellen. Meine ersten eigenen Beiträge, die ich ohne fremde Hilfe realisierte! Es war gar nicht so leicht, zu entscheiden, an welcher Stelle welcher O-Ton (welche Interviewsequenz) kommen sollte. Noch dazu warnte mich die Cutterin davor, «bebildertes Radio» zu ma-chen, ein typischer Anfängerfehler von Print- oder Rundfunk-journalisten: Ich sollte darauf achten, nicht das zu texten, was man auf den Bildern ohnehin sah, wie beispielsweise «am men-schenleeren goldgelben Strand rauschen mannshohe Wellen». Das sah der Zuschauer schließlich selbst.

Besonders schwierig fand ich es, auf die von den Chefs vor-her festgelegte Länge von genau fünf Minuten zu kommen. Als sich meine Cutterin einen Kaffee holte, schlüpften zwei meiner Kollegen zu mir in den Schnitt: «Na, wie war es mit Rolf?», fragten sie lauernd. «Er hat gut gedreht», antwortete ich und hatte keine Ahnung, worauf sie hinauswollten. Daher wurden sie konkreter: «War da was mit Rolf? Der hat nämlich vor dem Abflug mit uns gewettet, dass er dich ins Bett bekommen würde.» Ich machte große Augen: Was für eine Unverschämtheit! «Natürlich war ich nicht mit ihm im Bett!», antwortete ich entrüstet, woraufhin meine Kollegen amüsiert davontrotteten. Wahrscheinlich, um als Nächstes Rolf selbst anzurufen, damit sie ihn mit seiner verlorenen Wette aufziehen konnten oder noch besser: um sich vom Gegenteil überzeugen zu lassen …

Sex war bei uns irgendwie immer ein Thema. Beinahe jeder war mehr oder weniger regelmäßig in irgendwelche Affären verstrickt, die aufgrund der Geschwätzigkeit der meisten Redakteure schnell die Runde machten und in den Arbeitspausen für Gesprächsstoff sorgten. Mir fällt auf Anhieb kaum eine Redakteurin oder Moderatorin ein, die noch nie etwas mit einem Kameramann oder Cutter hatte, und jeder halbwegs attraktive Redakteur war mit großer Wahrscheinlichkeit mit einer Praktikantin oder anderen Kollegin im Bett. Woran das lag, kann ich gar nicht genau sagen. Zum einen beschäftigten wir uns natürlich schon rein professionell häufig mit Sex, da Beiträge mit schlüpfrigem Inhalt zuverlässig für gute Quoten sorgten, wodurch man vermutlich ohnehin weniger Berührungsängste mit diesem Thema hatte.

Sicherlich spielte auch unser Alter eine Rolle: Die meisten waren jung, Anfang bis Ende zwanzig. Dazu kamen Extrovertiertheit, Neugierde und Lebenslust – Attribute, die auf beinahe jeden Boulevardreporter zutreffen. Viele feierten und tranken gerne, von einigen weiß ich, dass sie regelmäßig Drogen nahmen. Möglicherweise stürzten sich viele Boulevardredakteure ebenso hemmungslos in ihr Leben wie auf ihre Geschichten und ließen Moral und Anstand außer Acht. Noch dazu begünstigten sicherlich die Arbeitsbedingungen ein ausschweifendes Sexleben: Man ist viel unterwegs, häufig in Urlaubsländern mit entsprechender Feierstimmung, lernt ständig neue Leute kennen, hat unregelmäßige Arbeitszeiten und ist für eventuelle Partner kaum zu kontrollieren. Ob es im Boulevardbereich wirklich schlimmer zugeht als in anderen Branchen, kann ich natürlich nicht sagen.

Aber einmal abgesehen von den unangenehmen Begleiterscheinungen war es genau der Trubel im Büro, die Lockerheit der Redakteure, die mich so sehr faszinierten – wie schon früher bei der Bild.

Trotzdem fehlte mir mein Freund, und ich war froh, dass es ihm genau so ging. Wir beschlossen, zusammenzubleiben und nach einer gemeinsamen Wohnung zu suchen, um mehr Zeit miteinander verbringen zu können. Da ich weitere Krisen vermeiden wollte, versuchte ich, mir mehr Zeit für ihn und mein Privatleben zu nehmen, zumal ich mich mit meinen beiden Hawaii-Beiträgen in der Redaktion endgültig etabliert hatte. Nicht nur meine Chefs waren von den Stücken sehr angetan, glücklicherweise bescherten beide gute Quoten. Beim Privatfernsehen wird nämlich streng darauf geachtet, ob der Verlauf der Stücke positiv ist oder ob die Zuschauerkurve womöglich fällt.

Da ich durch die Bild im Themensuchen geschult war, gehörte ich von nun an zu den wenigen Redakteuren, die nicht nur Beiträge aus der Bild verfilmten, sondern eigene Ideen umsetzten. Und das war mir sehr angenehm, da ich mir so eher Themen suchen konnte, die mich interessierten – und die fand ich tatsächlich auch im Boulevardbereich. Zumindest manchmal.

Mein Alltag zwischen Titten, Tieren, Tränen und Toten

Seitdem ich mich hauptsächlich um harmlosere Themen kümmerte, hatte auch mein Freund Frieden mit meiner Arbeit geschlossen – Dienstreisen nach Hawaii hätten auch ihm gut gefallen, und um meinen Termin in Köln beneidete er mich fast: Ich sollte das schöne deutsche Topmodel Heidi Klum zu einem Fotoshooting begleiten. Da ich schon einen Abend vor Drehbeginn anreiste, hatte ich Zeit, mir Köln ein wenig anzuschauen, und war enttäuscht: Bis auf den Dom und die Rheinpromenade fand ich die Stadt ausgesprochen hässlich. Niemals hätte ich mir vorstellen können, dass ich hier einmal leben würde.

Als mich das Kamerateam am nächsten Morgen vom Hotel abholte, fuhren wir in das etwa 30 Minuten entfernte Bergisch Gladbach. Dort waren wir mit Heidi Klum verabredet. Noch heute bin ich ihr dafür dankbar, dass sie damals meinen verkorksten Dreh rettete. Und das kam so: Wir hatten mit Heidi vereinbart, dass sie uns im Anschluss an ihren Fototermin für ein ausführliches Interview zur Verfügung stehen würde. Es war großartig! Das Model, noch in erster Ehe verheiratet, erzählte offen und lebendig, wie wichtig Sex für ihr gutes Aussehen sei und wie sich ihr Alltag in Amerika gestaltete. Ihre Schilderungen spickte sie mit netten Details aus ihrem Leben. Ich war sicher, noch nie irgendwo ein so schönes Interview mit dem Model gesehen oder gelesen zu haben, und bedankte mich herzlich für das ungewöhnlich offene Gespräch, als der Kameramann plötzlich eine Hiobsbotschaft verkündete: Er hatte keinen Ton auf dem Band. Ich habe bis heute keine Ahnung, wie das passieren konnte, aber es war ein Fakt. Auf dem Band mit dem sensationellen Interview war nicht ein Piep zu hören. Als Heidi meine Panik bemerkte, machte sie mir ein Angebot: Ich sollte ihr von irgendwoher ein Brötchen oder etwas anderes zum Essen besorgen, dann würde sie auf ihr Mittagessen im Elternhaus verzichten und mit mir das Interview wiederholen. So machten wir es. Heidi gab sich Mühe, auch beim zweiten Versuch locker und lebhaft zu erzählen, wodurch ein besonders naher, schöner Beitrag über das Model zustande kam, der in Auszügen ständig wiederholt wurde.

Da NRW das größte Bundesland ist, war es den Chefs wichtig, möglichst viele Themen aus dieser Region in der Sendung zu haben. Also flog ich wenige Wochen später erneut nach Köln – diesmal um ein «Tiere»-Thema umzusetzen. Ich sollte eine Wahrsagerin besuchen, die von sich behauptete, Hunden die Zukunft voraussagen zu können. Die Veranstaltung als solche war schon eigenartig genug, am besten erinnere ich mich aber an das Interview mit der Frau. Sie saß neben ihrem kleinen hektischen Schoßhund auf dem Sofa und bröselte, während sie mit mir sprach, einen Hundekuchen in ihren Kaffee, von dem sie anschließend einen ordentlichen Schluck nahm. Dann beugte sich ihr Vierbeiner über den Tassenrand und versuchte, den Hundekuchen herauszuschlabbern. Leider hatte der sich aber schon so weit aufgelöst, dass ihm das nicht gelang. «Er liest aus dem Kaffeesatz!», gackerte die eigentümliche Dame, bevor sie sich selbst wieder ihre Tasse mit den fiesen Hundekuchenbröseln an den Mund führte und einen kräftigen Schluck dieser eigentümlichen Brühe nahm. Ich spürte, wie mein Magen rebellierte. Der kleine Hund schleckte seinem lachenden Frauchen einen besonders saftigen Brösel aus dem Mundwinkel. Ich atmete tief ein und aus, um den Brechreiz zu bekämpfen. Mir sind schon aufgelöste Keks-krümel im Kaffee zuwider, schwimmende Hundekuchenstücke aber waren unerträglich. Einatmen, ausatmen! Plötzlich schaltete mein Kameramann seine Kamera aus: «Wir machen eine kurze Drehpause», sagte er knapp und stürzte hinaus in den Garten. Ich nutzte die Chance und sauste hinterher. «Ich hab mich fast übergeben», entschuldigte er sich, und ich musste lachen: «Ich mich auch.» Wir überlegten, dass wir das Interview im Stadtpark fortsetzen sollten, dann hätte man ständig Hunde im Hintergrund, und wir wären diese eklige Kaffeetasse los. Die Tierwahrsagerin fand die Idee großartig, zumal sie uns dort ihr Können beweisen wollte. Tatsächlich erkannte sie bei vorbeilaufenden Hunden eine Tierheimvergangenheit oder Hüftleiden, Informationen, die von sämtlichen Herrchen oder Frauchen erstaunlicherweise bestätigt wurden. Allerdings waren wir uns nicht ganz sicher, ob die alte Dame die Hunde nicht einfach von vorangegangenen Parkbesuchen kannte. Der Beitrag wurde natürlich trotzdem gesendet – wir machten eben eher Unterhaltung als Journalismus.

Der Dreh mit der Tierwahrsagerin war nicht der einzige, bei dem mir speiübel wurde, auch ein «Tote»-Thema ist mir diesbezüglich noch gut in Erinnerung: In einem verfallenen Haus in Brandenburg war die Leiche eines Mannes gefunden worden, der vier Jahre unentdeckt in seinem Fernsehsessel verwest war. Das Haus stand seit Jahren leer, und offenbar war es niemandem aufgefallen, dass einer der Mieter nicht ausgezogen, sondern einfach still und heimlich in seinem Sessel gestorben war ... Da die Haustür verschlossen war, stiegen wir – obwohl das vermutlich unter Hausfriedensbruch fiel – durch ein offen stehendes Fenster. Es war gruselig, durch dieses verwaiste Gemäuer zu schleichen, mir klopfte das Herz bis zum Hals. Über eine abgenutzte Holztreppe gelangten wir in den ersten Stock, wo wir die knarrende Holztür einer winzig kleinen Dachgeschosswohnung öffneten und unmittelbar in der engen verdreckten Küche standen. Ein widerlicher Geruch schlug uns entgegen, der bei mir sofort einen Würgereiz auslöste. Es herrschte eine große Unordnung, überall standen leere Blechdosen und schmutzig-braune Töpfe herum, die der Kameramann sorgfältig abfilmte. Es war gespenstisch.

Im nächsten Raum, einem Miniwohnzimmer, fiel unser Blick sofort auf die schwarze Kontur eines Menschen, die sich auf dem Sessel abzeichnete. Hier musste der Mann gestorben sein. Überall auf dem Polster und dem Boden lagen vertrocknete Maden. Ich dachte an den einsamen Mann, den niemand vermisst hatte. Was für ein Mensch er wohl gewesen war? Hat sich keiner Sorgen um ihn gemacht?

Auf dem Fernsehtischchen lag eine aufgeschlagene Programmzeitschrift, und als ich mir das Fernsehgerät ansah, bemerkte ich, dass es noch immer eingeschaltet war – nur der Strom lief nicht mehr.

Es war ein merkwürdiges Gefühl, in dieser Wohnung herumzuschleichen, in der die Zeit stehengeblieben war. Während sich draußen alles veränderte, war hier mit dem Mann auch die Zeit eingeschlafen. In einer Ecke entdeckte ich unter schwarzen Madenlarven einen zerknüllten Zettel, es kostete mich Überwindung, ihn aufzuheben. Als ich es tat, las ich: «Ich erreiche Dich gar nicht. Du gehst nicht ans Telefon, öffnest die Tür nicht. Melde Dich! Sabine.» Wortlos reichte ich den Zettel meinem Kameramann, der ihn abfilmte. Wir sprachen kaum miteinander, es war ein bisschen, als hätten wir uns unsichtbar in ein fremdes Leben geschlichen, in den Alltag dieses armen Mannes. Erst unten auf der Straße wurden wir wieder lebendig. Ein Nachbar, der wortlos beobachtet hatte, wie wir in das Haus eingedrungen waren, erzählte, dass der Mann nach seiner Scheidung arbeitslos wurde und sich seitdem komplett zurückgezogen hatte. Während ich das Interview führte, merkte ich, dass meine Kleidung den fiesen Geruch der Wohnung angenommen hatte. Da wir uns höchst unwohl fühlten, schlug der Kameramann vor, zur Desinfektion an der nächsten Tankstelle einen Schnaps zu trinken. Mit dem Fläschchen in der Hand versicherten wir uns wenig später, so etwas normalerweise niemals zu uns zu nehmen. Zumindest für mich war dies tatsächlich der einzige Schnaps meines Lebens.

Zurück in der Redaktion fragten die Chefs, ob wir auch in die Schränke geguckt hätten, was wir verneinten und damit begründeten, dass uns das nun wirklich zu weit gegangen wäre. Für unsere Chefs war diese Zurückhaltung nicht nachvollziehbar, zumal unsere direkte Konkurrenz dort angeblich interessante Informationen gefunden hatte. Wir wurden also noch einmal nach Brandenburg geschickt. Aber ich konnte es nicht, ich schaffte es nicht, noch einmal die Wohnung zu betreten, mein Körper war stocksteif, und meine Beine wollten nicht gehorchen. Ein seltsames Gefühl, das ich nicht kannte. Freundlicherweise durchsuchte der Kameramann daraufhin allein die Wohnung und versicherte, dass in den Schränken nichts Spannendes zu finden war. Während bei unserem direkten Konkurrenzmagazin, zu dem ich Jahre später wechseln sollte, ein Interview mit der Exfrau des Verstorbenen lief, konnte ich mit dem Schlosser aufwarten, der den Toten gefunden hatte. Es hätte zwar keinen vergleichbar großen Ärger gegeben wie früher bei der Bild, wenn die Konkurrenz einen besseren Protagonisten im Interview hatte, trotzdem fühlte es sich gut an, mithalten zu können – und das ohne irgendwelche Informationen aus dem Schrank.

Damit hier kein falsches Bild entsteht: Ich habe beim Boulevardfernsehen durchaus auch sinnvolle Geschichten gemacht. Sie können allesamt dem vierten «T» zugeordnet werden: den Tränen.

Bei einer Veranstaltung hatte ich einen nigerianischen Arzt kennengelernt, der mir von dem einjährigen Chedolisa erzählte. Bei dem Jungen war Blutkrebs festgestellt worden, woraufhin seine Familie ihr gesamtes Erspartes zusammengelegt hatte, um ihm und seiner Mutter den Flug nach Deutschland und eine Krankenhausbehandlung bezahlen zu können. In Nigeria, sagte der Arzt, hätte der Junge keine Chance gehabt. Doch nun waren sämtliche Ersparnisse aufgebraucht, die Therapie konnte nicht fortgesetzt werden, und Chedolisa, der gerade erst laufen gelernt hatte, sollte zurück nach Nigeria. Schon am nächsten Morgen nach der Party setzte ich mich mit der Münchner Klinik in Verbindung, in der Chedolisa behandelt wurde. Die Ärzte bestätigten meine Information und luden mich ein, auf ihrer Station zu filmen. Es war mein erster Besuch auf einer Kinderkrebsstation. Vorher war ich noch nie mit sterbenskranken Kindern in Berührung gekommen und brachte Jugend und Tod in meinem Kopf einfach nicht zusammen. Dementsprechend verunsichert betrat ich die Station.

In einem kleinen Raum direkt neben dem Eingang, in dem ein Tisch und mehrere Stühle standen, durften mein Kameramann und sein Assistent ihr Equipment abladen: das Stativ, den schweren Lichtkoffer, leere Kassetten und volle Akkus … Da die Untersuchung des kleinen Chedolisa sofort beginnen sollte, lief mein Kamerateam bereits in den Nachbarraum, um die Behandlung zu filmen, während ich noch meine Unterlagen aus der Tasche suchte und ein etwa sechs Jahre altes Mädchen mit einem dunklen Wuschelkopf den Raum betrat. Es lachte mich heiter an, und ich verschwendete – ungeachtet der Umgebung – keinen Gedanken daran, dass dieses fröhliche Mädchen krank sein könnte. Nebenan hörte ich, wie Chedolisa weinte, deshalb beeilte ich mich, zu meinem Team in den Behandlungsraum zu schlüpfen. Dem kleinen Jungen wurde gerade Blut abgenommen. Plötzlich stöhnte der Kameramann auf: «Mein Akku ist leer. Ausgerechnet jetzt.» Obwohl eigentlich der Assistent dafür zuständig war, flitzte ich sofort zurück in den Raum mit unserem Equipment, um einen neuen Akku zu holen. Da fiel mein Blick auf das kleine Mädchen, das mir eben so gutgelaunt entgegengekommen war. Es saß am Tisch. Mit der Glatze hatte ich die Kleine kaum erkannt – die braunen Wuschelhaare lagen vor ihr, neben ihr stand ein Tropf mit einer durchsichtigen Flüssigkeit. Ich brauchte erstaunlich lange, um die Situation zu begreifen. Das war eine Perücke! Es traf mich wie ein Schlag. Ich befand mich zwar auf einer Kinderkrebsstation, trotzdem hatte ich nicht damit gerechnet, dass da, ohne Eltern, in unserem Equipment-Abstellraum, bei einem Mädchen, das ich für völlig gesund gehalten hatte, eine Behandlung stattfinden würde; die Kleine sah so munter aus, gar nicht krank. Wahrscheinlich habe ich sie angestarrt, da bin ich mir fast sicher. Sagen konnte ich nichts. Bedrückt lief ich zurück zu «unserem» Patienten, dem kleinen Chedolisa. Die Ärztin meinte, dass er gute Chancen hätte, wieder ganz gesund zu werden, da er noch sehr jung war. Vorausgesetzt, die Therapie könne weitergeführt werden. «Und dazu fehlen etwa 20 000 Mark», seufzte die Medizinerin. Traurig schauten wir auf den dunkelhäutigen kleinen Jungen, der durch die Behandlung ganz aufgedunsen war. «Hoffentlich kriegen wir das Geld zusammen», fügte die Ärztin hinzu.

Schon am nächsten Tag setzte ich mich mit den Drehkassetten in den Schnitt – zusammen mit meiner Lieblingscutterin produzierte ich einen berührenden Drei-Minuten-Beitrag, an dessen Anschluss unsere Moderatorin zum Spenden aufrief. Und tatsächlich: Schon bald war genügend Geld auf dem Spendenkonto, um Chedolisas Therapie fortsetzen zu können. Etwa drei Monate später reiste er geheilt zurück nach Nigeria. Dies ist für mich die sinnvollste Geschichte meiner ganzen Boulevardlaufbahn. Wenn dieser Beitrag dem kleinen Jungen wirklich das Leben gerettet hat, war es schon deshalb gut, den Job gemacht zu haben. Aber so bewegend diese Geschichte war, noch häufiger als an Chedolisa muss ich an das kleine Mädchen denken, das so fröhlich wirkte, obwohl es schwerkrank war.

Während sämtliche meiner Journalistenschulkameraden kurz vor ihrem letzten Praktikumsdrittel standen, hatte ich längst einen Vertrag in der Tasche für einen Job, der mir viel Spaß machte. Mein bester Freund Alex langweilte sich gerade bei der «Süddeutschen Zeitung» und hatte als letzte Praktikumsstation ein wöchentliches Fernsehformat vor sich. «Komm doch zu uns, hier ist es lustig, das wird dir gefallen», versuchte ich ihn zu überreden. Aber Alex hatte Bedenken wegen der Stadt, wegen des Formats, wegen seiner Karrierepläne. Doch ich ließ nicht locker, begeistert schwärmte ich von jedem neuen Dreh, dem entspannten Arbeitsklima und der guten Bezahlung, bis er irgendwann einlenkte: «Okay, dann gucke ich mir das mal an.» Er sagt das ursprünglich vereinbarte Praktikum ab und kam zu uns in die Redaktion. Genau wie ich landete er zunächst in der Crime-Ecke und fühlte sich schnell zu Hause im «bestbezahlten Kindergarten der Welt», wie unser Chefredakteur seine Chaostruppe liebevoll nannte. Ich war begeistert. Seit Alex in der Redaktion arbeitete, waren Arbeit und Freizeit endgültig unzertrennbar miteinander verknüpft: Mit Kollegen unternahmen wir Kurztrips an die Ostsee, trafen uns zum Beachvolleyball oder zum Ausgehen. Ich verfiel wieder in mein altes Verhaltensmuster: Für andere Freunde hatte ich kaum mehr Zeit, genauso wenig für meinen Freund, der es inzwischen aufgegeben hatte, sich zu beschweren. Er stellte sich langsam auf sein Single-Leben ein.

Während es privat schon wieder bergab ging, erlebte ich meinen beruflichen Höhepunkt als Boulevardjournalistin. Nachdem meine Chedolisa-Geschichte so erfolgreich gelaufen war, musste ich nur noch selten irgendwelche belanglosen Beiträge drehen, stattdessen durfte ich Themen umsetzen, die mir besonders am Herzen lagen: menschliche Schicksale. Durch meine offene Art gelang es mir, selbst schwierige Protagonisten zu aufrichtigen und berührenden Interviews zu bewegen. Endlich hatte ich das Gefühl, dass meine Arbeit sinnvoll war! Ich konnte die Öffentlichkeit für bestimmte Themen sensibilisieren, sie aufklären oder zu Spenden aufrufen – wie bei den Brüdern Fritz und Roland. Die beiden Jungen, damals gerade sieben und neun Jahre alt, litten an einer seltenen Krankheit, die hundertprozentig zu einem frühen Tod führte, da es bislang keine Behandlungsmöglichkeit gab. Ich war erschüttert, als der Vater mir am Telefon erklärte, dass für solche seltenen Erkrankungen wenig Forschungsgeld zur Verfügung stand, deshalb vereinbarten wir, einen Fernsehbeitrag mit Spendenaufruf zu realisieren.

Als mein Kamerateam und ich das Haus der Familie betraten, hüpfte der jüngere Bruder flink die steile Holztreppe hinunter, um uns aufgeregt zu begrüßen, während sich sein älterer Bruder mühsam Stufe um Stufe zu uns hinabkämpfte. «Er ist krank», erklärte der Siebenjährige mit Blick auf den Älteren, was mich ein wenig erstaunte – waren nicht beide Kinder betroffen? Sein Vater nickte mir verschwörerisch zu und erklärte später, als die Jungen im Garten spielten, dass es dem Kleineren dem Alter entsprechend viel besser ginge als seinem Bruder, wodurch der glaubte, weniger krank zu sein. Fritz verstand nicht, dass er zwei Jahre später die gleichen Probleme haben würde wie sein Bruder Roland. «Wir müssen unbedingt umziehen», seufzte der Vater, «in ein ebenerdiges, behindertengerechtes Haus.»

Als wir uns gemeinsam in die Küche setzten, erzählte er die ganze traurige Geschichte: Seine beiden Jungen entwickelten sich in ihren ersten Lebensjahren völlig normal, lernten krabbeln und laufen, bis Roland plötzlich schwächer wurde. Er verlor häufig das Gleichgewicht und bewegte sich auffallend weniger schnell und sicher als seine gleichaltrigen Freunde. Zunächst hielten die Eltern das für Veranlagung, bis ihn die Muskelschwäche so stark beeinträchtigte, dass ein Arztbesuch unaufschiebbar wurde. Als der Vater sich an den Moment erinnerte, in dem der Arzt seinem ersten Sohn die Diagnose stellte, kamen ihm die Tränen: «Er sagte, wir sollten beiden so bald wie möglich das Radfahren beibringen, weil sie das am längsten können würden. Mit etwa 12 Jahren würden sie auf den Rollstuhl angewiesen sein, und ihre Lebenserwartung würde 25 Jahre kaum übersteigen. Das war ein Schock.» Ich sah durch das Fenster zu den Jungen, die im Garten gerade Fußball spielten. Sie stürzten häufiger und liefen nicht so schnell, waren aber fröhlich und lebhaft, und ich fand die Vorstellung grauenhaft, dass man schon jetzt ihren Lebensweg vorzeichnen konnte. Die Eltern wussten, dass sie ihre Kinder höchstwahrscheinlich überleben würden, dass sie sich in spätestens zwanzig Jahren von ihnen verabschieden müssten, wenn bis dahin kein Medikament gefunden würde, das den Muskelverfall stoppte. Ein solches Mittel wurde meines Wissens bis heute nicht gefunden, und die betroffenen Familien bemühen sich weiterhin um jede Möglichkeit eines Spendenaufrufs.

Menschen mit stark entstellenden Krankheiten wie Hakan dagegen hofften, dass durch Fernsehbeiträge die Toleranz gegenüber ihrer Krankheit wachsen würde. Der junge Mann litt an einer schlimmen Hautkrankheit, der Stoßblasensucht. Bei jeder Berührung, Reibung oder Stress bildete die empfindliche Haut flüssigkeitsgefüllte Blasen, die mit Entzündungen und Narben ausheilten. Bei Hakan waren dadurch schon die Finger und Zehen zusammengewachsen, sein ganzer Körper war übersät von Narben und schuppigen, roten Ekzemen. Wenn er durch die Stadt lief, starrten ihn die Leute an. Er hoffte, dass die anderen, wenn sie mehr über seine Erkrankung wüssten, ihn nicht mehr wie einen Außerirdischen behandeln würden.

Wieder andere Menschen mit einem dramatischen Schicksal setzten sich einer Fernsehkamera aus, weil sie andere Betroffene in der gleichen Situation warnen wollten – wie eine junge Familie aus Erfurt, deren kleine Tochter wegen der Fehldiagnose der Ärztin starb: Sandy war vor dem Haus mit ihrem Fahrrad unglücklich gestürzt und mit dem Kopf auf die Bürgersteigkante gefallen. Die besorgten Eltern brachten das blonde Mädchen sofort ins Krankenhaus, wo die Ärzte eine Gehirnerschütterung feststellten und anordneten, die Kleine zur Beobachtung in der Klinik zu lassen. Stündlich verschlechterte sich Sandys Zustand, schon am nächsten Tag konnte sie ihre Mutter nicht mehr erkennen. «Ich bin zur Ärztin gegangen, weil mir das merkwürdig vorkam, aber die hat nur gesagt, dass das in Ordnung sei und sie später nochmal nach Sandy schauen würde», erinnerte sich die Mutter im Interview. Kurze Zeit später starb das kleine Mädchen. Die Ärzte hatten die Sechsjährige nicht richtig untersucht und deshalb ihren Schädelbruch übersehen. Als ich in der Klinik anrief – schließlich hatte ich inzwischen gelernt, dass man immer beide Seiten befragen sollte –, war niemand zu einem Statement bereit. Ich weiß noch, dass die Eltern damals die Ärztin verklagten, habe aber keine Ahnung, wie das Verfahren ausgegangen ist, es zog sich endlos hin. Seit dieser Geschichte bin ich bei Ärzten generell vorsichtig und misstrauisch, lieber hartnäckig als zu gutgläubig.

Auch wenn mich solche Themen sehr traurig stimmten, war das meine schönste Boulevardzeit. Ich bearbeitete Themen, die mich bewegten und die weder der Zuschauer noch ich schon am nächsten Tag wieder vergessen hatten. Leider liefen solche Beiträge quotenmäßig eher mittelprächtig, sodass die Chefs mich wieder auf andere Geschichten ansetzten.

Eigentlich wäre jetzt, nachdem ich festgestellt hatte, welche Themen ich machen wollte, der richtige Zeitpunkt gewesen, sich ein Format zu suchen, in dem genau solche Inhalte gefragt waren. Stattdessen fügte ich mich unzufrieden dem neuen Trend. Eine Welle der «Spaßmedizin» hatte das Boulevardfernsehen erfasst, auf der meine Chefs unbedingt mitschwimmen wollten: Ästhetische Chirurgie. Schönheitsoperationen bescherten zuverlässig Spitzenquoten, und da der CvD meine Begeisterung für Medizinthemen kannte, sprach er mich an: «Es gibt einen berühmten Chirurgen, mit dem wir unbedingt was machen wollen. Finde doch mal heraus, ob der mit uns dreht.» Ich glaubte zunächst, es sei unglaublich schwierig, diesen prominenten «Beauty-Doc» vor die Kamera zu bekommen, und rechnete damit, ihn zu einem Beitrag überreden zu müssen. Wie naiv das war, wurde mir allerdings erst Jahre später bewusst: Tatsächlich war ein Beitrag im bundesweiten Fernsehen für jeden Schönheitschirurgen die allerbeste und preiswerteste Werbung. Dementsprechend sagte der Arzt ohne zu zögern begeistert zu, und ich verkündete den Chefs stolz, dass der renommierte Chirurg sich mit mir treffen wollte. Zu einem Vorgespräch hatten wir uns in seiner imposanten Klinik, die in einem schlossähnlichen Gebäude mit entsprechender Parkanlage untergebracht war, verabredet. Ich war ziemlich aufgeregt, zum ersten Mal einem Schönheitsexperten zu begegnen, und stellte mir vor, dass er mich während des Gesprächs ausschließlich begutachten und darüber nachdenken würde, was bei mir alles zu machen sei: «Also die Nase könnte etwas kleiner und die Lippen etwas voller sein und bei der Brust wäre sicher auch noch was zu machen ...» Brrr!

Entsprechend verunsichert war ich, als ich von seiner offensichtlich rundum erneuerten Sekretärin ins Büro geführt wurde. Als ich den Raum betrat, stand Dr. Stein sofort auf, um mich zu begrüßen. Sympathisch war er mir nicht, seine Freundlichkeit wirkte aufgesetzt, sein Lachen steril. Während er erzählte, überlegte ich, was man bei ihm korrigieren könnte: Seine Nase war krumm, die Kopfhaut zu kahl.

Plötzlich holte er einen dicken Ordner hervor und ließ ihn auf seinen antiken Schreibtisch knallen. Er steckte voller Fotos und Schreiben von Menschen, die sich bei der Operation von einem Fernsehteam begleiten lassen würden: «Da können Sie sich ein paar interessante Fälle aussuchen», schnurrte er. Ich rückte näher an den Tisch heran und schlug die erste Seite auf: Ein Mann hatte geschrieben, dass seine Frau sich dringend einen prallen Busen wünschen würde, da ihre Brust nach der Geburt der Zwillinge etwas gelitten hätte. Manche Frauen wollten sich ihre sogenannten Reiterhosen (also das Fett an den Oberschenkeln) absaugen lassen, Männer ihren Bauch. Manche träumten von einer neuen Nase, andere – und das fand ich wirklich bedenklich – wollten aussehen wie ein berühmter Star: besonders beliebt waren Pamela Anderson, Cher oder Brad Pitt. Ich fühlte mich ein bisschen an früher erinnert, als ich mir im Versandhauskatalog die neue Winterjacke selbst aussuchen durfte – jetzt waren es statt Winterjacken Protagonisten. Ich entschied mich für eine Brandenburgerin, die sich die Oberweite von Pamela Anderson wünschte, und für ein junges Mädchen, das seine Nase verkleinern und begradigen lassen wollte. Der Arzt versprach, sich darum zu kümmern, und verabschiedete mich dann schnell, weil ein wichtiger Patient auf ihn wartete. Angeblich gingen hier auch Prominente ein und aus.

Eine Woche später konnten wir bereits mit dem Drehen beginnen. Ich hatte den Operationssaal noch nicht betreten, da stand für mich schon fest, dass ich mich niemals einem Schönheitschirurgen ausliefern würde! Ich finde es höchst leichtsinnig, sich aus Unzufriedenheit mit dem Aussehen den üblichen OP-Risiken auszusetzen, dafür habe ich lediglich bei entstellten Unfallopfern Verständnis. Außerdem erschreckt mich die Vorstellung, dass die Menschen nach dem Eingriff plötzlich einem fremden Gesicht im Spiegel entgegenblicken. Können sie dadurch glücklicher werden? Oder unterliegen sie nicht einer falschen Hoffnung? Da meine Protagonisten auch vor dem Eingriff attraktiv waren, empfand ich ihre Operationen allesamt als unnötig. Vor allem die Intention, einem aktuellen Serien-Star gleichen zu wollen, schien mir dermaßen zweifelhaft, dass ich es dem Arzt beinahe übel nahm, dass er die junge Frau operieren wollte.

Die Möchtegern-Pamela war 25 Jahre alt, sehr freundlich und ein begeisterter Fan des kurvigen Baywatch-Stars. Um ihrem Vorbild möglichst ähnlich zu sehen, hatte sie sich am Oberarm ein entsprechendes Tattoo stechen, ihre dunklen Haare blondieren und die Lippen aufspritzen lassen, jetzt fehlte nur noch die entsprechende Brustgröße. Meiner Meinung nach hätte sie eher psychologische Hilfe gebraucht, stattdessen sollte nun ein Schönheitschirurg Hand anlegen.

Der Kameramann, sein Assistent und ich schlüpften in die sterile Kleidung, die für uns in den Umkleidekabinen bereitlag. Wir erkannten uns kaum wieder, als wir mit Kopfhaube und Mundschutz im OP aufeinandertrafen. Die Protagonistin lag mit einer grünen Decke bedeckt auf dem OP-Tisch, als der Schönheitschirurg mit desinfizierten Händen den Raum betrat. Sofort wieselten einige Schwestern herbei, um ihrem Chef in seinen OP-Mantel und die Gummihandschuhe zu helfen. Es war deutlich, wie viel Respekt, wenn nicht gar Angst sie vor ihm hatten. Der Assistent des Kameramanns klemmte Dr. Stein einen Funktonanstecker an den Jackenkragen, damit ich ihn auch während des Eingriffs jederzeit interviewen konnte. Dann machte er den ersten Schnitt, und das Messer glitt widerstandslos durch die Haut. Ich musste ein Schütteln unterdrücken, aber immerhin wurde mir nicht schlecht. Während ich den Chirurgen beobachtete, dachte ich, dass ich einen solchen Job niemals ausüben könnte. Früher wollte ich unbedingt

Tierärztin werden, doch sobald mir bewusst wurde, dass zum Helfen und Heilen auch Operationen, Blut und Tod gehörten, hatte ich diese Idee aufgegeben. Jetzt wunderte ich mich über die Motivation dieses Schönheitschirurgen – er war doch Arzt geworden, um zu heilen? Verbrennungsopfern ihr Gesicht wiederzugeben, hielt ich für eine besondere Leistung, Menschen, die schlimme seelische Probleme wegen ihrer großen Nase oder der fehlenden weiblichen Brust hatten, konnte er vielleicht auch helfen. Aber psychisch auffälligen Frauen die Brüste zu vergrößern, sie dafür allen Risiken einer Operation auszusetzen, nur damit sie einem Star ähnelten, der gerade in Mode war, schien mir bedenklich. Obendrein war der Chirurg offenbar nicht gut vorbereitet: Obwohl sich die Patientin im Vorgespräch die passende Kissengröße ausgesucht hatte, war ausgerechnet das gewünschte Implantat gerade vergriffen. Wie unseriös! Kurzerhand nahm der Chirurg ein Implantat, das 50 ml kleiner war – ob der Patientin das reichen würde? Als die trotzdem noch imposanten Kissen endlich in der Brusttasche verstaut waren, hatte Dr. Stein Schwierigkeiten, die Brüste symmetrisch zu formen, was ihm schlimme Unflätigkeiten gegenüber seiner betäubten Patientin entlockte: «kleine Nutte» war eine der harmloseren … Er drückte und quetschte an der Frau herum, dass ich staunte, wie viel ein Mensch offenbar aushielt. Irgendwann gab der Chirurg mit den Worten auf: «Ich hab jetzt keine Lust mehr, wir machen zu.»

Ich blickte ihn schockiert an und wünschte mir inständig, niemals einem solchen Chirurgen ausgeliefert zu sein.

Das Pamela-Anderson-Double wurde herausgefahren und die nächste Patienten auf den OP-Tisch gehoben, während der Chirurg sich kurz verabschiedete.

Und dann geschah etwas, das mich jedes Mal überraschte: Der medienerfahrene Chirurg vergaß, dass er einen Funkton-anstecker an seinem Jackenrevers hatte und wir dadurch alles hören konnten, was er sagte, und das war ziemlich spannend. Das war es übrigens meistens. Einmal unterhielt ich mich gerade mit der Ehefrau eines bekannten Moderators, als der Kameraassistent mir plötzlich den Kopfhörer reichte: Er wollte mich teilhaben lassen an dem heftigen Liebesgeflüster, das der offiziell so fürsorgliche, treue Moderator im Nachbarzimmer mit seiner Geliebten am Telefon austauschte. Ich überlegte kurz, ob ich den Hörer mal kurz seiner Frau reichen sollte, was ich natürlich nicht tat. Aber am häufigsten wurden wir Zeuge böser Lästereien über uns als Kamerateam, bevor die Protagonisten dann wieder strahlend vor uns traten und lobten, wie gut wir arbeiteten.

Auch diesmal schimpfte der Chirurg bei seinen Schwestern über die «Idioten vom Fernsehen», nahm uns anschließend mit zur Toilette und telefonierte dann mit seiner Frau, die sich offenbar gelegentlich fremd vergnügte, wie seinen wüsten Beschimpfungen zu entnehmen war; was mir aber nur so lange leidtat, bis ich von einem ähnlich ehefeindlichen Verhalten vom Chirurgen selbst erfuhr. Na bitte, dann hatten sie sich doch verdient.

Etwa eine Minute nach dem letzten schlimmen Schimpfwort, das er seiner Frau am Telefon entgegengeschleudert hatte, stand Dr. Stein wieder freundlich lächelnd neben uns im OP, um die nette junge Frau mit der schiefen Nase zu behandeln. Sie verfügte offenbar über eine gut funktionierende Intuition und bat uns kurz vor dem Eingriff, dass wir gut auf sie aufpassen sollten: «Der soll nichts anderes machen! Nur die Nase! Achtet ihr darauf?» Das versprachen wir großmütig, schließlich hätten wir nie vermutet, dass der Chirurg tatsächlich auf die Idee kommen würde, noch an anderer Stelle Hand anzulegen! Neugierig beobachtete ich, mit welchen Geräten er die Nase der Patientin bearbeitete, und musste mir unweigerlich an meine eigene fassen. Das war ja schrecklich, die arme Nase! «Kein

Blut! Ich will kein Blut sehen!», fauchte Dr. Stein abwechselnd meinen Kameramann oder seine Schwestern an, die sofort alles Rote mit einem Lappen wegwischten. Selbstverständlich sollte unsere Reportage für den Arzt eine Art Werbefilm werden, der vorzugsweise so unblutig war, dass sich demnächst viele unserer Zuschauer selbst auf seine OP-Tische trauten. Mir war das alles höchst zuwider, ich fühlte mich unwohl bei dem Gedanken, zum Handlanger dieses Arztes zu werden. Da der Chirurg meine Gedanken zu erraten schien, erwähnte er nun, scheinbar nebenbei, dass er von einem berüchtigten Medienanwalt vertreten wurde, dessen bloße Erwähnung jeden Journalisten sofort in Angst versetzte. Ich hatte einmal erlebt, dass dieser Anwalt wegen einer laufenden Geschichte drohend an die Bild geschrieben hatte, woraufhin die betreffende Geschichte umgehend fallengelassen wurde. Mit diesem Herrn wollte sich niemand anlegen! Nicht mal die sonst eher streitbare Bild.

Als ich erkannte, womit der Chirurg als Nächstes die Nase bearbeiten wollte, zog ich die Stirn kraus: mit einer Feile. Unter meinem Mundschutz wurde mir plötzlich die Luft knapp. Um mich ein bisschen abzulenken, trat ich ein paar Schritte zurück, setzte den Mundschutz ab und sah aus dem Fenster. «Knirsch-knirsch» tönte es weiter an mein Ohr, als ich den Kameramann plötzlich rufen hörte: «Angel im Bild! Die Tonangel ist im Bild!» Als ich mich umdrehte, hing der lange Stab, an dem das zweite Mikrophon befestigt war, nur knapp über dem OP-Tisch. Knirschend schrappte der Chirurg weiter über den Nasenknorpel, und der Assistent konnte sich kaum mehr auf den Beinen halten, so schlecht war ihm, weshalb es ihm kurzzeitig auch nicht mehr möglich war, die Tonangel mit dem Mikrophon aus dem Bild zu halten. Der Kameramann lachte über uns Mimosen, dabei war er uns gegenüber eindeutig im Vorteil: Durch seinen Sucher sah er das Bild lediglich in Schwarz-Weiß.

Außerdem war er so sehr mit der Bildästhetik und dem Schärfeziehen beschäftigt, dass er sich kaum bewusst machen konnte, dass da gerade eine menschliche Nase misshandelt wurde. Der Assistent schlug vor, dass wir eine kurze Pause machen sollten, und verschwand ins Nachbarzimmer, um durchzuschnaufen.

Nachdem unsere Übelkeit vergangen war, trauten wir uns zurück in den OP. Die Nase der Patientin war inzwischen nach Wunsch begradigt und verkleinert, und wir atmeten erleichtert auf. Plötzlich zog der Doktor eine Spritze hervor und setzte sie an die Oberlippe der jungen Frau. Der Kameramann und ich warfen uns entsetzte Blicke zu und wussten nicht, wie wir reagieren sollten. Vorsichtig warf ich ein: «Entschuldigung, aber das wollte sie gar nicht.» Doch der Chirurg schüttelte den Kopf: «Ach was, die freut sich», und damit drückte er ab, Punkt für Punkt, die gesamte Lippe entlang. Ich war wütend und fühlte mich hilflos. Schließlich konnte ich diesem selbstgefälligen Ignoranten doch nicht die Spritze aus der Hand reißen. Mit einer Mischung aus Mitleid und schlechtem Gewissen, weil wir unser Versprechen, aufzupassen, nicht eingehalten hatten, betrachtete ich die narkotisierte Patientin. Ich bezweifelte, dass sie sich über einen Entenschnabel freuen würde.

Doch überraschenderweise behielt der Chirurg recht: Die Frau fand sich mit ihren aufgeblasenen Lippen tatsächlich schöner! Der Beauty-Arzt hatte dafür eine Erklärung: «Wissen Sie, die meisten, die hierherkommen, gehören eigentlich zum Psychologen.» Dann tätschelte er seinen runden Bauch. «Ich habe mich zumindest noch nicht unters Messer gelegt.» Mit diesen Worten verließ er den OP-Saal.

Obwohl ich meinen Chefs von dem beinahe gemeingefährlichen Verhalten des Arztes berichtet hatte, wollten sie keine Skandalnummer senden. Sie waren froh, dass dieser berühmte Schönheitschirurg uns überhaupt in den OP gelassen hatte, wollten Ärger mit seinem unangenehmen Anwalt vermeiden und erwähnten auch seine guten Kontakte zur obersten Chef-etage – mit diesem Mann wollte man es sich lieber nicht ver-scherzen. Glücklicherweise waren nicht alle Ärzte so, deshalb versuchte ich von da an, lieber mit den menschenfreundliche-ren unter ihnen zu arbeiten …

Sex und Glamour statt Crime

Inzwischen lebten mein Freund und ich gemeinsam in einer hellen Zweizimmer-Dachgeschosswohnung am Rande von Berlin. Das ging etwa ein Jahr lang gut, dann wurde mein Freund neben dem Studium mit seinem Sport so erfolgreich, dass er nun zusätzlich zum Lernen beinahe täglich trainierte. Wenn er spätabends nach Hause kam, lag ich entweder schon im Bett oder kam noch später, manchmal auch gar nicht nach Hause, weil ich einen Dreh hatte, der über mehrere Tage ging. Als ich dann zum ersten Mal mit Kollegen in den Urlaub flog, war uns beiden klar, dass wir uns längst auseinandergelebt hatten, und trennten uns nach insgesamt sieben Jahren Beziehung.

Völlig frustriert legte ich mir zuerst einen Kater und dann eine Affäre mit einem Moderator unseres Senders zu. Ich wusste wenig über ihn, fand ihn aber charmant, schlau und gutaussehend – genau der Richtige für die erste Trauerphase einer Trennung. Nach unserer ersten gemeinsamen Nacht schickten wir uns permanent liebevolle Nachrichten aufs Handy. Es war kribbelig, nett und aufregend. Und das blieb es genau so lange, bis er sich überraschend in die Flitterwochen verabschiedete. Von einer Freundin wusste ich, von einer Hochzeit allerdings nicht. Eine Affäre mit einem frisch verheirateten Mann war mir dann doch zu heftig. Also blieb mir vorerst nur mein Kater. Weil der ohnehin schon den ganzen Tag allein war, raste ich sofort nach Feierabend zu meinem Archimedes, um mich intensiv mit ihm zu beschäftigen. An geselligen Abenden mit Kollegen nahm ich daher kaum mehr teil, weshalb mir Freunde bereits prophezeiten, dass ich bald schrullig werden würde, wenn ich weiterhin außer zu meinem Kater keinerlei soziale Kontakte pflegen würde.

Doch das verhinderte ausgerechnet mein neuer Chef. Wild entschlossen, unseren Kindergarten zu bändigen, stellte er nicht nur neue, ehrgeizige Kollegen ein und verabschiedete die weniger ehrgeizigen, sondern überraschte uns auch mit anderen Neuerungen. Er gab sich stets unnahbar und streng, sodass wir beinahe zusammenzuckten, sobald er den Raum betrat. Außerdem ließ der ungewohnt anspruchsvolle Chef eine Liste aushängen, auf der die fleißigsten Redakteure der Reihe nach genannt wurden. Festgemacht wurde ihr Arbeitseifer an den Sendeminuten, die sie für unser Magazin produziert hatten. Das belebte spürbar die Konkurrenz innerhalb der Redaktion. Auch die einst so entspannten Beitragsabnahmen wurden, seit er die Redaktion übernommen hatte, zur Zitterpartie: Beinahe jeder Redakteur musste seine fertigen Stücke prinzipiell noch ein- bis zweimal umschneiden, bevor unser neuer Chef sie sendbar fand. Er forderte eigene Themenvorschläge und nicht nur die Verfilmung der Bild und war so der Erste, der Druck in unsere Lotterredaktion brachte und mich beinahe an alte Bild-Zeiten erinnerte: Genau wie damals saß ich nun wieder nach Feierabend und am Wochenende vor den ungewöhnlichsten Zeitschriften, in der Hoffnung, ein skurriles Boulevardthema zu finden.

Die morgendlichen Konferenzen begann unser «Neuer» stets mit den Worten: «Wer möchte ferne Länder bereisen, fremde Menschen kennenlernen?», und meinte damit vor allem die beliebtesten Urlaubsgebiete deutscher Touristen. Sommer-Sonne-Strand-Themen brachten neuerdings die besten Quoten. Und so verdankte ich ausgerechnet ihm den anstrengendsten Dreh meines Lebens auf der Ferieninsel Ibiza.

Eigentlich hatte unsere engagierte Volontärin Mirja, die angeblich über einen privaten Kontakt zum Chefredakteur zu uns gestoßen war, vorgeschlagen, nach Ibiza zu fliegen. Sie hatte dort gerade Urlaub gemacht, sich mutmaßlich verliebt und wollte deshalb möglichst schnell zurück auf die Insel. Aus irgendeinem Grund (wegen ihres guten Kontakts nach «oben»?) wurde ihr diese Reise prompt zugesagt, obwohl sie noch keine Themen in petto hatte, die diese Zusage gerechtfertigt hätten. Daher wurde ich ihr als erfahrenere Redakteurin an die Seite gestellt. Von jetzt auf gleich sollte ich mir drei bis vier Themen aus dem Ärmel schütteln, die unserem eigensinnigen Chef gefallen mussten. Nach einiger Grübelei kam das dabei heraus: 1. Wie nimmt man im Urlaub am besten ab? (Abnehm-Geschichten machten immer gute Quoten.) 2. Wie haltbar ist eine Urlaubsliebe? (Liebe und Sex laufen ebenfalls immer gut.) 3. Wie gut passen die Strandnachbarn auf die Tasche auf, wenn man sie darum bittet? (Servicethemen liebte unser Chef.) Und 4. Wie leicht lassen sich Männer ansprechen, wenn die Freundin danebensteht? (Siehe 2.) Die Themen wurden allesamt vom Redaktionsleiter abgesegnet, jetzt mussten wir nur noch drei Protagonistinnen finden, die mit uns nach Ibiza fliegen würden: zwei für die Abnehmgeschichte, eine für den Treuetest. Ich entschied mich für Maria, ein blondes Model, das für uns schon häufiger als Lockvogel gearbeitet hatte; für Nadine, eine junge Studentin, die ich mal gedreht hatte, als sie eine Weltreise gewonnen hatte; und als Dritte schlug die Volontärin ihre beste Freundin vor, mit der sie gerade den Urlaub auf Ibiza verbracht hatte und die deshalb dringend mitmusste. «Aber sieht sie auch gut aus?», fragte ich meine Kollegin in Ausbildung, «du weißt, wie wichtig das unserem neuen Chef ist!» Unsere Protagonistinnen sollten im Idealfall schlank sein, eine verhältnismäßig große Oberweite und ein hübsches Gesicht haben; sogar bei Straßenumfragen wurde darauf geachtet, möglichst hübsche Menschen anzusprechen. Mirja nickte energisch, ihre Freundin sähe großartig aus, sehr weiblich, schwärmte sie. Ich glaubte ihr, hätte mir allerdings lieber ein Foto zeigen lassen sollen: Am Flughafen traf mich nämlich fast der Schlag. Die beste Freundin war alles andere als gutaussehend, und was viel schlimmer war: Sie war nicht mal nett. Angelika machte ein Gesicht wie «Drei Tage Regenwetter» und nölte permanent herum. Ich fragte mich, unter welchem Vorwand Mirja sie hierher gelockt hatte, aufs Drehen hatte Angelika auf jeden Fall keine Lust. Der Kameramann ließ sich vorerst nichts anmerken. Wir hatten noch nicht oft miteinander gearbeitet und waren dementsprechend zurückhaltend. Innerlich arbeitete ich jedoch schon an einem Notfallplan. Ich musste unbedingt eine neue Protagonistin finden, sonst wäre mein Chef stinksauer, und zwar auf mich, weil ich für diesen Dreh verantwortlich war.

Bis auf die beiden Abnehmprotagonistinnen Nadine und Angelika, die in eine turbulente Clubanlage mit einem umfangreichen Sportprogramm einquartiert wurden, bezogen wir eine gemütliche Finca auf dem Land. Es gab sogar einen Grillplatz, und wir nahmen uns fest vor, den auch möglichst regelmäßig zu nutzen. Da wir nur drei Schlafräume hatten, teilte ich mir ein Zimmer mit meiner Kollegin Mirja, der Kameramann zog mit seinem Assistenten zusammen, und nur Maria bekam ein Einzelzimmer. Es wurde eine lustige WG, die Stimmung war stets ausgelassen und fröhlich. Nur aus dem Grillen wurde nichts …

Sobald wir unsere Koffer abgestellt hatten, fuhren wir in die Clubanlage, um mit dem Drehen unserer ersten Geschichte zu beginnen: «Abnehmen im Urlaub». Auf dem Weg zum Pool, wo sich Nadine und Angelika wiegen lassen sollten, busselte meine Kollegin Mirja unentwegt jeden der geschätzt 25 Animateure, die uns über den Weg liefen. Schließlich befanden wir uns in der Anlage, in der sie Urlaub gemacht und sich, inzwischen hatte sich mein Verdacht bestätigt, in einen der Animateure verliebt hatte. Sogar Angelika lächelte dann manchmal ein bisschen, was mich hoffen ließ, dass der Dreh mit ihr doch nicht so schrecklich werden würde, wie ich zunächst befürchtet hatte. Nachdem wir von beiden das Startgewicht «bildlich» festgehalten hatten, starteten wir das Abnehmprogramm: Nadine sollte jeden Tag mehrere Funsportarten wie «Wasserski im Pool», Beachvolleyball oder Rallyes durch die Clubanlage mitmachen, während sich Angelika in Aerobic- oder Spinning-Kursen quälen musste. Nach fünf Tagen wollten wir dann schauen, wer mehr abgenommen hatte. Mit Nadine lief alles prima, ihre Interviews waren lebhaft und witzig, und man sah ihr an, dass ihr das Ganze viel Spaß bereitete. Ganz anders Angelika. Einsilbig beantwortete sie meine Fragen und machte dabei dasselbe mürrische Gesicht, mit dem sie mich schon am Flughafen erschreckt hatte. Wahrscheinlich würden sich unsere Zuschauer fragen, unter Androhung welcher Strafe wir diese junge Frau zum Drehen gezwungen hatten. Irgendwann konnte sich auch mein Kameramann Jan nicht mehr zurückhalten: «Mal ehrlich, die geht nicht. Die guckt, als würde sie mich gleich auffressen.» Ich wusste, was er meinte. Vorsichtig wandte ich mich an Mirja und erklärte ihr das Problem. Sogar sie verstand sofort und schaute mich schuldbewusst an: «Und nun?» Wir verabredeten, dass sie mit ihrer Freundin sprechen sollte, während ich mich auf die Suche nach einer Ersatzprotagonistin machen würde. Mir war das Ganze mindestens so unangenehm wie Mirja, die ihrer besten Freundin nun klarmachen musste, dass sie nicht den Vorstellungen unseres Chefs entsprach. Immerhin fand ich schnell Ersatz: Die Animateurin Steffi war nicht nur hübsch, nett und unkompliziert, sie verstand sich auch noch richtig gut mit ihrer Beitragspartnerin Nadine. Angelika trug die Absage mit Fassung, zumindest guckte sie danach nicht grantiger als vorher. Damit war unsere erste Geschichte gerettet und so gut wie im Kasten. (Nur falls es interessiert: Die Protagonistin mit dem Hardcore-Sportprogramm hat minimal mehr abgenommen; die absoluten Abnehmsieger dieser Woche blieben allerdings unerwähnt, doch dazu komme ich später.)

Die zweite Geschichte, die mit den Urlaubslieben, war deutlich schwieriger zu drehen. Wir sprachen in der Clubanlage, am Strand und am Abend in den Diskotheken sämtliche turtelnden Paare an und wurden permanent angepöbelt: etwa fünf von zehn Turteltauben gingen nämlich gerade fremd und drohten, uns zu verprügeln, wenn wir nicht sofort mit dem Drehen aufhörten. Mindestens zwei waren in Deutschland krankgeschrieben und heimlich im Urlaub, weshalb sie verständlicherweise ebenfalls nicht gefilmt werden wollten, und die übrigen drei konnten mit meiner romantischen Urlaubslieben-Geschichte nichts anfangen: Sie wollten Spaß haben, keine Beziehung! Im «Amnesia» quietschte uns eine junge Frau in die Kamera: «Die Jungs hier sind so süß! Ich habe vor einer Woche meinen Flieger verpasst und finde seitdem jede Nacht woanders Unterschlupf.» Einem ihrer freundlichen Gastgeber hing sie gerade am Hals, während sie uns das erzählte. Als der kurz verschwand, kam der nächste, den sie sofort leidenschaftlich küsste. «Küsst du hier alle?», fragte ich sie. «Ja, klar!», schrie sie ins Mikro. Das wollte ich genauer wissen: «Dann küss doch mal den», sagte ich und zeigte willkürlich auf irgendeinen tanzenden Mann in der Menge, auf den sie prompt zustürzte. Ich war zu fassungslos, um darüber nachzudenken, was gerade geschah. Nach dem Tanzenden küsste sie noch einen anderen. Ich spreche übrigens von echten Küssen und nicht von Bussis auf die Wange! Der letzte Knutschpartner wollte allerdings nicht gefilmt werden, da auch er zu Hause eine Freundin hatte. Sodom und Gomorrha auf Ibiza! Also schwenkten wir um und interviewten die drei Paare, die Spaß statt Beziehung haben wollten, dazu noch ein paar Jungs, die schwärmten, wie leicht man hier Mädels abschleppen könnte, und aus meiner kitschig-kuscheligen Urlaubslieben-Geschichte wurde eine derbe «Sexalarm auf Ibiza»-Maz. (Maz ist die Kurzform für Magnetische Aufzeichnung und meint den Beitrag.)

Geschichte Nummer 3 machte uns allen am meisten Spaß – allen, außer Jans Assistenten. Für unseren «Wie gut passt der Handtuch-Nachbar auf Ihre Tasche auf?»-Beitrag musste Lockvogel Maria am Strand irgendwelche Deutschen ansprechen, ob sie freundlicherweise auf ihre Tasche aufpassen würden, während sie sich ein Eis holte. Natürlich sagten alle zu. Kaum war Maria verschwunden, schlich sich Rüdiger, der Kameraassistent, zu ihrem Platz. Er schaute nach links und rechts, schnappte die Tasche und ging weiter. Hatten die Aufpasser nichts gemerkt, kam Maria zurück, um nach ihrer Tasche zu fragen, was bei manchen für Aufregung sorgte, andere aber überhaupt nicht berührte. Nachdem wir eine Weile versteckt die Reaktionen gefilmt hatten, gaben wir uns mit der Kamera zu erkennen und fragten die Leute, warum sie nicht besser aufgepasst hatten. Allerdings gab es auch Urlauber, die ihre Aufgabe ernst nahmen. Kaum hatte Rüdiger die Tasche gepackt, wurde er von den engagierten Aufpassern auch schon herumgewirbelt, am Kragen geschnappt und zur Herausgabe des vermeintlichen Diebesguts gezwungen. Da diese Verteidiger von Recht und Ordnung allesamt Deutsche waren, ließ sich die Situation jedes Mal schnell aufklären. Bis auf einmal … Bei unserem letzten Test hatten die Aufpasser mal wieder versagt, und Rüdiger konnte ungehindert mit der Tasche verschwinden. Jan schwenkte mit seiner Kamera von dem leeren Platz, an dem die Tasche gestanden hatte, zu den quatschenden Aufpassern und war so vertieft in seine Arbeit, dass er von dem rabiaten Überfall auf seinen Assistenten, der eigentlich direkt neben ihm stattfand, nichts mitbekam. Auch ich merkte zunächst nichts davon und beobachtete fasziniert, dass keiner das Verschwinden der Tasche zu bemerken schien. Plötzlich hörte ich rechts neben uns ein lautes Brüllen und konnte gerade noch sehen, wie unser schmächtiger Assistent zu Boden ging. Ein massiger Spanier hatte sich auf den armen Rüdiger gestürzt, der gar nicht wusste, wie ihm geschah. Und während Jan noch immer langsam vom leeren Platz zu den gesprächigen Deutschen, die das Verschwinden der Tasche noch immer nicht registriert hatten, schwenkte, versuchte ich, Rüdigers Leben zu retten: Der wütende Spanier, der den scheinbar dreisten Diebstahl aus der Ferne beobachtet hatte, schien wild entschlossen, den gemeinen Strandräuber fertigzumachen. Mit meinem vor Aufregung noch holprigerem Spanisch versuchte ich, dem mutmaßlichen Kampfsportler zu erklären, dass wir vom deutschen Fernsehen seien und gerade einen Test drehten, was er aber nicht glaubte, da sich der Kameramann – der noch immer vom leeren Platz zu den Aufpassern schwenkte – überhaupt nicht für uns interessierte. Erst als Jan unsere verzweifelten Hilferufe hörte und endlich auch Maria aus ihrem Versteck kam, ließ sich das Ganze als Missverständnis aufklären. Missmutig ließ der Spanier seinen Sparringspartner ziehen, und wir versprachen dem geplagten Rüdiger, dass wir keine weiteren Tests mit ihm drehen würden. Als wir am Abend in unserer gemieteten Finca das Material anschauten, lachten wir Tränen, und Rüdiger zeigte uns wehleidig die vielen blauen Flecken, die ihm seine Rolle als Taschendieb eingebracht hatte.

Bis auf die maulige Angelika waren wir eine gutgelaunte Truppe, und das, obwohl wir jeden Tag etwa 20 Stunden drehten, dementsprechend kaum schliefen und obendrein extrem ausgehungert waren, weil uns keine Zeit zum Essen blieb – wir ernährten uns hauptsächlich von Salzstangen, die wir während der Autofahrten zum nächsten Drehort gierig in uns hineinschütteten. Dementsprechend haben wir in den fünf Tagen mehr Kilos verloren als unsere Abnehmprotagonistinnen und hätten diesen Wettbewerb streng genommen gewonnen! Aber das Thema hieß ja «Abnehmen im Urlaub» – und mit Urlaub hatte unser Aufenthalt nichts zu tun. Es war der anstrengendste Dreh meines Lebens! Hätte mir Jan nicht so gut gefallen, hätte ich ihn vielleicht gar nicht durchgehalten.

Der Kameramann und ich teilten die Leidenschaft für unseren Job. Während die anderen aus unserem Team sich bereits stöhnend in den Sand fallen ließen, rannten wir mit riesigen Aufhellern über den Strand, um noch schönere Einstellungen einfangen zu können. Als unser Assistent in der «Privilege»-Disco mit der Tonangel im Arm und dem Kopf am Lautsprecher bereits eingeschlafen war, suchten wir noch unermüdlich nach knutschenden, kuschelnden, flirtenden Urlaubern für unsere «Sex im Urlaub»-Geschichte. Zum ersten Mal begegnete ich jemandem, der meine grundsätzliche Begeisterung für Geschichten und Bilder teilte – auch wenn wir beide von anderen Inhalten träumten. Während des ganzen Ibiza-Aufenthalts wichen wir einander kaum von der Seite und genossen jeden unauffälligen Hautkontakt, etwa wenn wir gemeinsam durch den Kamerasucher schauten, was vor allem bei den heimlich gedrehten Passagen häufiger vorkam. Da unsere letzte Geschichte hauptsächlich versteckt gefilmt werden sollte, versprach es, ein kuscheliger Dreh zu werden, an dessen erfolgreiche Umsetzung wir allerdings nicht richtig glaubten.

Für den Treuetest fuhren wir zum Ses-Salinas-Strand und suchten dort eine Stelle, wo wir uns mit der Kamera gut verstecken konnten, etwa hinter einem kleinen Strauch, einem Eisstand oder Sonnenschirm. Dann statteten wir die bildhübsche hellblonde Maria mit einer versteckten Kamera und einem versteckten Mikrophon aus und legten uns auf die Lauer. Maria suchte sich für ihr angebliches Sonnenbad einen Platz in unmittelbarer Nähe eines deutschen Pärchens und legte ihr Handtuch mit einem minimalen Sicherheitsabstand direkt neben den Mann. Zuerst versuchte sie, mit ihm Blickkontakt aufzunehmen, dann verwickelte sie ihn in ein Gespräch, um den arglosen Urlauber schließlich zu bitten, ihr den Rücken einzucremen. Hatte sie den Mann erst mal auf ihrer Decke, legte sie im Flüsterton los: «Wollen wir uns verabreden? Du gefällst mir. Lass einfach die Sonnenmilch hier stehen, und ich gebe sie dir gleich zusammen mit meiner Telefonnummer zurück.» Gleich der Erste, ein attraktiver Mittzwanziger, nahm das Angebot gerne an. Artig ließ er seine Sonnenmilch auf Marias Decke zurück und freute sich, als er sie wenig später zusammen mit der versprochenen Telefonnummer zurückbekam. Nun sprangen wir aus unserem Versteck, um das Paar mit dem gedrehten Treuetest zu konfrontieren. Dem Mann war das schlechte Gewissen ins Gesicht geschrieben, betreten sah er zu seiner Freundin, die uns in diesem Moment komplett zu vergessen schien: «Und du hast sie genommen?», fragte sie ihren zerknirschten Freund, der noch immer den Zettel mit der Telefonnummer in seiner Hand hielt.

Als ich nun mit meinem Kamerateam im Rücken vor dem Pärchen hockte und erklärte, welchen Test wir gerade gedreht hatten, wurde mir langsam bewusst: Ich hatte den beiden jetzt nicht nur ihren Urlaub, sondern womöglich auch die Beziehung versaut – für einen unterhaltsamen Fünfminüter, der am Abend im Fernsehen lief. Der Mann guckte entsetzt, und seiner Freundin war ihre Verletzung anzusehen.

Über die möglichen Folgen meines Tuns hatte ich mir vor dem Dreh mal wieder keine Gedanken gemacht. Es war mir auch zu abwegig erschienen, dass irgendjemand so dreist wäre, die Nummer einer fremden Frau im Beisein seiner Freundin anzunehmen. Aber da hatte ich mich getäuscht! Obwohl die Freundin jedes Mal maximal drei Meter entfernt lag, ließen sich noch zwei weitere Männer auf diese Verabredung ein. Wir verfolgten das Geschehen fassungslos, und ich fühlte mich mies, weil ich mich mal wieder ungebeten in das Leben fremder Menschen einmischte. Den Männern geschah das recht, die hatten es nicht anders verdient, fand ich. Aber die Frauen taten mir leid, so vorgeführt zu werden. Ich hatte mal wieder eine Grenze überschritten, die man nicht überschreiten darf.

Der Cutter, mit dem ich das Stück später schnitt, kommentierte dann auch entsprechend: «Na, da kannst du ja wieder einen Strich auf deiner Zerstörte-Leben-Liste machen.» Zerknirscht nahm ich mir vor, demnächst mehr nachzudenken, ehe ich ein Thema vorschlug. Denn stand es erst einmal im Raum, hatte ich nicht den Mumm, es wieder abzusagen.

Mein Redaktionsleiter liebte unsere Ibiza-Stücke, und ich befürchtete schon, von jetzt an jede Sommersaison ohne Essen und Schlafen auf der Baleareninsel verbringen zu müssen. Doch dann wechselte mein Chef überraschend zur direkten Konkurrenz, und sein Nachfolger hatte leider noch viel schlimmere Pläne mit mir.

Ich kannte ihn von früher, als ich noch bei der Bild war. Damals hatte er mir als Fernsehreporter für viel Geld die Adresse des Heiratsschwindlers abgekauft, da er sie selbst nicht recherchieren konnte. Das passierte häufiger – allerdings nur zwischen Print- und Fernsehredaktionen. Nun war dieser ehemalige Kollege mein Vorgesetzter. Ich mochte ihn nicht, vor allem, weil er regelmäßig hemmungslos über diejenigen Kollegen spottete, die gerade nicht anwesend waren. Um an immer neue «Läster-Nahrung» zu gelangen, fragte er sogar die Kameramänner darüber aus, wie sich die jeweiligen Kollegen vor Ort anstellen würden. Er war mir sehr unangenehm.

Auch deshalb erinnerte ich mich in dieser Zeit wieder an meine ursprünglichen Studienpläne. Nachdem ich fürs Boulevardfernsehen nur noch Themen bearbeitete, die mich überhaupt nicht interessierten, höchstens beschämten, überlegte ich erneut, wie ich es schaffen könnte, ins seriöse Fach zu wechseln, und glaubte, ein Hochschulabschluss sei dafür unabdingbar. An meinen freien Tagen setzte ich mich in verschiedene Vorlesungen, um herauszufinden, welcher Studiengang mich am meisten locken würde. Ägyptologie, Alte Geschichte und Psychologie waren meine Favoriten.

Während ich den Absprung plante, strukturierte mein neuer Chef die Redaktion um und torpedierte damit meine Fluchtgedanken. Er unterteilte die Redaktion in verschiedene Themenbereiche, um die sich ein bestimmter Pool von Redakteuren kümmern sollte: «Buntes», «Crime» und «Promis» – und ich landete ausgerechnet in der Promi-Abteilung. Was für ein Elend! Ich konnte mich noch allzu gut an meine ungeliebte Klatschtanten-Rubrik bei der Bild erinnern. Und jetzt sollte ich mich schon wieder auf langweiligen Veranstaltungen über Laufmaschen in prominenten Strumpfhosen freuen, deren Trägerinnen ich im Zweifelsfall nicht mal erkennen würde! Da mein Chef mich nach eigener Aussage «woanders nicht sah», musste ich mich seiner Anordnung vorerst fügen: Meine erste Aufgabe als Klatschreporterin war es, auf der Berlinale die Promi-Masseurin Dr. Dott zu begleiten, die – anders als angekündigt – leider kaum einen der bekannten Berlinale-Gäste erkannte. Zudem schien sie unsere Anweisungen nicht gut zu verstehen und irritierte zahlreiche VIPs mit unpassenden Fragen. Im Interview mit einem berühmten deutschen Schauspieler ließ sie durchblicken, dass sie ihn für einen Sänger oder einen Soap-Star oder Ähnliches hielt, woraufhin er sie genervt aufklärte, mit wem sie es tatsächlich gerade zu tun hatte. Andere Prominente nahmen Dr. Dotts Unkenntnis mit mehr Humor. Trotzdem kamen die Kollegin, die diesen Dreh fachkundig unterstützen sollte, und ich schnell zu dem Schluss, dass die Beiträge mit der Promi-Masseurin nicht zu realisieren waren. Wir waren einfach eine unglückliche Mischung: Meine Kollegin kannte sich zwar mit Prominenten, aber nicht mit dem Erstellen von Beiträgen aus, Dr. Dott unterhielt beste Kontakte zu hochkarätigen Stars aus Amerika, dementsprechend ungeeignet war sie für die Berlinale, auf der sich hauptsächlich deutsche Stars und Sternchen tummelten, und ich konnte zwar Beiträge produzieren, hatte aber von Promis keine Ahnung und auch nicht das Interesse, mich in diesen Bereich einzuarbeiten.

Gemeinsam gingen wir zu unserem Redaktionsleiter und sagten das Projekt ab. Bei dieser Gelegenheit erklärte ich auch, dass ich nicht weiter im Promi-Bereich arbeiten wolle, woraufhin mein neuer Chef ungerührt wiederholte, dass er mich «woanders nicht sehen würde». Was sollte das? Vier Jahre lang hatte ich in anderen Bereichen erfolgreich gearbeitet. Es war frustrierend!

Zum ersten Mal seit langer Zeit freute ich mich wieder auf den Feierabend – auch deshalb, weil zu Hause inzwischen nicht nur mein Kater auf mich wartete. Eines Abends, als Jan mich nach einem Dreh vor meiner Haustür absetzen wollte, hatten wir uns in seinem Wagen geküsst. Seitdem waren wir beinahe unzertrennlich. Wenn ich nach der Arbeit nach Hause kam, hatte Jan schon das Essen vorbereitet, und wenn er selbst noch unterwegs war, lag garantiert eine kleine Überraschung auf dem Bett und ein Zettel, auf dem stand, wie sehr er sich auf und über mich freute. Er bestärkte mich in meiner Entscheidung, die Redaktion zu verlassen und das Studium aufzunehmen, das ich nun schon seit Jahren vor mir herschob. Da mir meine Arbeit inzwischen überhaupt keinen Spaß mehr machte, nahm ich meinen Mut zusammen und kündigte tatsächlich.

Nun brauchte ich nur noch einen Nebenjob, mit dem ich mein Studium finanzieren konnte. Da kam ein Anruf aus Köln gerade richtig: Bei der direkten Konkurrenz hatte man durch meinen ehemaligen Chef erfahren, dass ich mich umorientieren wollte, und lud mich zu einem Gespräch über «mögliche Alternativen» ein. Sofort machten Jan und ich uns auf den Weg nach Köln. Mich reizte der Gedanke, meine Fähigkeiten in einem neuen Umfeld auszuprobieren. Beherrschte ich den Job wirklich gut, oder funktionierte ich nur in meiner gewohnten Umgebung, mit Cuttern und Kameraleuten, die ich kannte und mochte? Das Vorstellungsgespräch fand mit dem Magazinchef und seinem Stellvertreter statt, beide trugen Anzüge, was ich von Sat.1 nicht kannte, da es dort eher leger zuging. Ich erklärte, dass ich nur in Teilzeit arbeiten und nebenbei studieren wollte, woraufhin mir ein Vertrag über zwölf Arbeitstage im Monat angeboten wurde. Lediglich bis zum Studienbeginn sollte ich in Vollzeit arbeiten, um die Abläufe kennenzulernen. Ich war glücklich: Nun hatte ich ein gesichertes Einkommen bei dem erfolgreichsten täglichen Boulevardmagazin und würde im Herbst mein Ägyptologie-Studium beginnen können. Obwohl wir uns kaum kannten und erst kurze Zeit ein Paar waren, erklärte sich Jan sofort bereit, mit mir nach Köln zu kommen. Als selbständiger Kameramann konnte er schließlich überall arbeiten.

Inzwischen hatte sich auf unerklärliche Weise herumgesprochen, dass ich zur direkten Konkurrenz wechseln würde. Was nun geschah, kränkte mich zutiefst. Einige Redakteure, mit denen ich mich eigentlich gut verstanden hatte, sogar die Kollegin, mit der ich gemeinsam das Dr.-Dott-Projekt abgesagt hatte, streuten plötzlich böse Gerüchte über mich: Angeblich hätte ich die Berlinale-Beiträge absichtlich platzen lassen, und der Redaktionsleiter soll sogar behauptet haben, ich hätte Informationen über unsere Sendung an RTL weitergegeben. Es war absurd. Die netten Kollegen aus der alten Redaktion trösteten mich damit, dass denen, die gingen, immer übel nachgeredet wurde, aber das machte es nicht besser. Ich war verletzt angesichts der mangelnden Loyalität und entsetzt über die offensichtliche Oberflächlichkeit mancher Kollegen. Um mir künftig solche Enttäuschungen zu ersparen, nahm ich mir vor, meinen neuen Kollegen vorsichtiger zu begegnen und vorerst mehr Distanz zu wahren.

Vom Kinderfernsehen zum Marktführer

Ich überlegte stundenlang, was ich an meinem ersten Tag in der neuen Redaktion anziehen sollte, schließlich spielte die Kleiderfrage dort offensichtlich eine wesentlich größere Rolle als bei meinem alten Arbeitgeber. Die meisten dort sahen aus, als würden sie nach Feierabend ausgehen wollen.

Da ich mich – nach meiner Minirock-Bruchlandung – eher sportlich mit Jeans, flachen Schuhen und vorzugsweise klassischen Oberteilen kleidete, stand ich ratlos vor meinem Kleiderschrank. Für RTL war ich eindeutig nicht hip genug, dachte ich. Schließlich schlüpfte ich in eine Jeans mit Goldnaht und ein beigefarbenes Strick-Twinset. Während des Schminkens bastelte ich an meiner Begrüßungsrede: «Wie sehr ich mich freue … Dass ich erst bei der Bild, dann auf der Journalistenschule und zuletzt bei Sat.1 war …»

Ich wollte natürlich unbedingt einen guten Eindruck hinterlassen, schließlich würde ich in dieser Redaktion voraussichtlich die nächsten Jahre verbringen, zumindest bis mein Studium abgeschlossen war. Es war das erste Mal, dass ich als «fertige» Redakteurin irgendwo anfing, und das setzte mich enorm unter Druck; wenn man als Praktikantin auftauchte, hatte niemand hohe Erwartungen, da fiel es leicht, positiv zu überraschen. Aber als Redakteurin?

Unsicher betrat ich um kurz vor zehn den hässlichen Plattenbau, in dem sowohl sämtliche Redaktionen als auch die meisten Fernsehstudios untergebracht waren. Mein neuer Arbeitsplatz lag zwar im ersten Stock, trotzdem stieg ich heute faul in den Fahrstuhl, wo mich die RTL-Hauptmoderatoren überlebensgroß anlachten, die als Poster an der Wand klebten.

Nun waren es nur noch ein paar Schritte. An dem Büro der Maskenbildner vorbei, rechts abbiegen, dann stand ich auch schon mitten in der Redaktion. Ich spürte die neugierigen Blicke meiner neuen Kollegen und fühlte mich schrecklich unwohl. Meine Stimmung verbesserte sich allerdings schlagartig, als ich auf die freundlich-hilfsbereite Sekretärin stieß, die mir wenig später Gunther vorstellte, der ebenfalls frisch zur Redaktion gestoßen war. Er kam wie ich aus Berlin von Sat.1, und auch wenn wir uns vorher noch nie über den Weg gelaufen waren, fühlten wir uns durch diese Gemeinsamkeiten sofort verbunden. Außerdem waren wir beide enorm erleichtert, nicht allein «neu» zu sein.

Da unsere eigenen Plätze noch nicht eingerichtet waren, schlug die Sekretärin vor, dass wir uns an die Schreibtische von zwei Kolleginnen, die gerade Urlaub machten, setzen sollten. Glücklicherweise lagen die Plätze genau gegenüber, sodass wir uns rege über die skurrilen Begegnungen mit den neuen Kollegen austauschen konnten, von denen wir schon in unseren ersten Stunden einige erlebten …

In der morgendlichen Konferenz stellte mich der stellvertretende Magazinchef vor, den ich schon vom Bewerbungsgespräch kannte: «Das ist Kerstin Dombrowski.» Ich lächelte gewinnend in die Runde. «Sie hat den Sprung vom Kinderfernsehen zum richtigen Fernsehen geschafft.» Mein Lächeln erstarrte. «Herzlich Willkommen beim Marktführer!» Ich war baff. Statt meiner geplanten freundlichen Begrüßungsrede, brachte ich nur noch ein «Hallo!» heraus. So viel ernstgemeinte Arroganz hatte mich ganz aus dem Konzept gebracht, und Gunther ging es ähnlich. Nach der Themenkonferenz, in der wieder hauptsächlich die Bild als Ideengeber herhielt, wurde ich angewiesen, zusammen mit einer Kollegin einen Beitrag über Verona Feldbusch zu schneiden, damit ich die Redaktionsabläufe kennenlernte.

Schüchtern setzte ich mich zu Cordula in den Schnitt, die sich wenig Mühe gab, ihren Unmut über meine Anwesenheit zu überspielen. Sie zog den Laptop eng an sich heran und drehte mir konsequent den Rücken zu. Derart ausgebremst und ausgeschlossen saß ich tatenlos im Schnittraum und beobachtete, wie meine Kollegin dem Cutter Anweisungen gab, die sie kurze Zeit später wieder über den Haufen warf, um eine neue Idee einzubringen: «Geh noch einmal zum Anfang. Wir schneiden vorne doch einen anderen O-Ton rein.» Obwohl ich merkte, dass sie viel zu langsam vorankam und die Sendezeit bedrohlich näher rückte, wagte ich nicht, mich einzumischen, ich vertraute darauf, dass Cordula, immerhin eine erfahrene Kollegin beim Marktführer (!), es schon schaffen würde. Ihre Texte waren witzig und pointiert – aber es dauerte quälend lange, bis sie geschrieben waren. Nervös sah ich auf die Uhr. Wenn sie sich jetzt nicht beeilte, würde das Stück nicht pünktlich fertig werden! Der Beitrag war als Aufmacher geplant, also als erster Film der Sendung. Inzwischen schauten die Chefs im Viertelstundentakt in den Schnitt, um sich zu erkundigen, wie weit wir gekommen waren. Je näher der Sendetermin rückte, desto häufiger ließen sich unsere aufgeregten Vorgesetzten blicken. Das Herz klopfte mir bis zum Hals, und ich hatte das sichere Gefühl, dass wir es nicht pünktlich schaffen würden, trotzdem traute ich mich nicht, meine neue Kollegin von ihrem Platz zu verdrängen, um selbst das Stück zu übernehmen. Es wurde immer später. Da nun keiner unserer Vorgesetzten mehr anrief oder in den Schnitt kam, wusste ich: Sie hatten uns aufgegeben. Wahrscheinlich suchte man gerade fluchend nach einem Ersatzstück und stellte die Sendung dementsprechend um. Für die Chefs kam eine solche Verspätung einer Katastrophe gleich! Sie glaubten, dass die Sendung nicht «funktionierte», wenn sie eine andere Reihenfolge erhielt. Für uns Redakteure bedeutete das, dass auf jeden Fall wir die

Schuld trugen, falls am nächsten Tag die Quote schlecht sein würde.

Es war das erste Mal, dass ein Stück, an dem ich – zumindest offiziell – beteiligt war, nicht pünktlich in die Sendung kam; ich fühlte mich hundeelend! In meiner alten Redaktion waren, sobald es knapp zu werden drohte, sämtliche Kollegen zum Helfen herbeigestürzt. Hier sprach nicht mal die Kollegin mit mir, die direkt neben mir saß und vor Aufregung immer konfuser wurde.

Als unser Moderator bereits die Zuschauer begrüßte, war der Beitrag endlich fertig geschnitten und konnte ausgespielt werden. Cordula hatte vor Aufregung fleckig rote Wangen und vermied es noch immer, mich anzusehen. Als der Cutter das fertige Stück aus dem Recorder zog, schnappte sie das Tape und rannte über den Flur zur Tonkabine, wo bereits ein Sprecher auf sie wartete. Artig tappte ich hinterher, schließlich sollte ich die Abläufe kennenlernen … Als ich mich daran erinnerte, wie wohl ich mich früher bei der Arbeit gefühlt hatte, kamen mir fast die Tränen. An den unschönen Abschied dachte ich in diesem Moment nicht mehr.

Nachdem wir den vertonten Beitrag in der Regie abgeliefert hatten, schlich ich niedergeschlagen in die Redaktion, begleitet von den hämischen Blicken meiner Kollegen – so kam es mir zumindest vor. «Du sollst sofort zu Mike», fing mich die Sekretärin ab. Auch das noch, zum Redaktionsleiter! Mein ehemaliger Chef, der mich von Sat.1 als «sichere Bank» kannte, zog die Augenbrauen hoch, als ich sein Büro betrat: «Was war denn los?», wollte er wissen, und ich merkte, dass er über meinen Misserfolg am ersten Tag genau so erschüttert war wie ich selbst. «Ich habe mich nicht getraut einzugreifen», gestand ich, woraufhin er erneut die Brauen hob und nur den Kopf schüttelte. Später erfuhr ich, dass Cordula mich für die Verspätung verantwortlich machte, dabei hatte sie mir nicht einmal die Möglichkeit gegeben mitzuarbeiten. Was für eine Unverschämtheit! Frustriert verließ ich an diesem Abend den Sender.

Der nächste Tag wurde nicht besser. Er begann damit, dass die Kollegin, an deren Platz Gunther saß, aus dem Urlaub zurückkehrte: «Das ist mein Schreibtisch!» Ohne Vorwarnung fauchte sie meinen überraschten Kollegen an: «Du wirst jetzt sofort deine Sachen packen, und was in drei Minuten noch hier herumliegt, schmeiß ich in den Müll.» «Guten Morgen erst mal!», entgegnete Gunther erstaunt, während ich sie entsetzt anstarrte: Diese aufgetakelte Blondine tickte wohl nicht richtig! Mit verschränkten Armen blieb sie neben Gunther stehen, um seinen Abzug zu kontrollieren. So etwas hatte ich noch nie erlebt. Bisher hatten sich meine Boulevardkollegen eher durch eine besondere Lockerheit, Flexibilität und Witz ausgezeichnet als durch besondere Biestigkeit – von Ausnahmen, wie Sonja, die mir damals fast meine Reise nach Hawaii vermiest hätte, einmal abgesehen. Hier schien das anders zu sein. Nachdem Gunther sämtliche Stifte, Zettel und seine Tasche auf meinem Schreibtisch abgelegt hatte, ging er zur Sekretärin, um sich nach dem aktuellen Stand der Schreibtisch-Planung zu erkundigen. «Am Nachmittag können wir umziehen!», verkündete er wenige Minuten später erfreut, was mich optimistisch hoffen ließ, dass mir eine ähnliche Begegnung erspart bleiben würde.

Da stand plötzlich der Redaktionsleiter vor mir: «Du machst heute einen Beitrag über Menschen, die Magersüchtige schön finden. Luise aus der Recherche hat eine entsprechende Seite im Internet gefunden. Geplante Länge: etwa fünf Minuten. Es wäre schön, wenn der Beitrag heute pünktlich auf Sendung ginge.» Sofort lief ich rüber in die Rechercheabteilung, eine «Einrichtung», die mir neu war: Bisher musste ich alle Informationen selbst zusammensuchen, hier gab es Kollegen, die das für einen taten. Wobei man ehrlich sagen muss, dass bei der

Tagesaktualität oft die gewissenhafte Recherche auf der Strecke blieb. Bevor ich zum Interview mit dem Psychologen fuhr, sichtete ich das Material, das es im Archiv über Magersüchtige gab. Zwischendurch ging ich kurz zur Toilette – offenbar ein Fehler. Als ich kurze Zeit später zum Sichtgerät zurückkehrte, traf mich fast der Schlag: Mein Tape war verschwunden! Irritiert sah ich mich um, ob es irgendwo neben dem Gerät oder auf meinem Stuhl lag. Doch es tauchte an diesem Tag nicht wieder auf; jemand musste es weggenommen haben. Nachdem, wie sich die ersten Tage hier angelassen hatten, vermutete ich Absicht dahinter.

Immerhin, der Rest des Tages verlief störungsfrei. Der Dreh klappte, mein Stück ging pünktlich auf Sendung, und in der Konferenz am Folgetag stellte der Magazinchef fest, «dass ich mit diesem gelungenen Beitrag bewiesen hätte, dass ich zu Recht in dieser Redaktion gelandet sei». Schließlich machte ich jetzt «richtiges Fernsehen»!

Da ich am Vortag nicht mehr dazu gekommen war, nutzte ich nun meine arbeitslose Zeit nach der Konferenz dazu, meinen neuen Schreibtisch, einzurichten, als es plötzlich laut krachte. Ein ganzer Haufen Archiv-Kassetten ergoss sich über meinen Schreibtisch und eine Kollegin, die ich bis dahin noch nicht gesehen hatte, stand zornig daneben: «Den anderen Müll habe ich weggeschmissen!», giftete sie. Aha, nun war also auch die Tischnachbarin der blonden Giftspritze aus dem Urlaub zurück! Ich hatte vergessen, die Magersucht-Kassetten vom Vortag von ihrem Schreibtisch zu räumen, und das hatte sie nun offenbar für mich erledigt. Mit «Müll» meinte sie übrigens mein Drehmaterial, von dem sie überhaupt nicht wissen konnte, ob ich es noch brauchen würde oder nicht. Erschrocken entschuldigte ich mich und sammelte schnell den Stapel Kassetten zusammen, der sich quer über und unter meinem Schreibtisch verteilt hatte.

In diesem Moment betrat Jan die Redaktion: Er sollte zusammen mit einer attraktiven Kollegin zu einem Dreh fahren und war anscheinend spät dran, denn er hatte kaum Zeit, mich zu begrüßen. Überrascht beobachtete ich, wie die Redakteurin sich aufführte, sobald mein Freund an ihren Schreibtisch getreten war: Sie robbte förmlich über den Tisch, rutschte mit ihrem Oberkörper und verschlungenen Armen über die Tischplatte und sah ihn dabei aufreizend an, während sie beinahe jede seiner Äußerungen mit einem gurrenden Lachen begleitete.

Allerdings gab es auch einige positive Begegnungen: Volker z. B. war sehr freundlich, obwohl er einen schweren Stand in der Redaktion hatte: Jedes Thema, das er in der Konferenz vorschlug, wurde von den Kollegen verrissen, selbst wenn es gut war und von den Chefs angenommen wurde. Man spottete offen, laut und vor allem bei jeder Gelegenheit über ihn, und er schien die bösartigen Sticheleien demütig zu ertragen. Wie er das nur aushielt?

Als ich einen Tag später überraschend von einer Gruppe Redakteure gefragt wurde, ob ich mit zum Essen in die Kantine gehen wollte, freute ich mich über ihr Angebot. Na bitte, jetzt wurde es doch noch nett! Dachte ich. Denn kaum hatten wir mit unseren Tellern Platz genommen, bestätigten sie schon wieder den Eindruck, den ich von ihnen hatte: Zuerst schimpften sie auf die Kollegin, die am Vortag mit meinem Jan gedreht hatte und offenbar ebenfalls neu war. Sie unterstellten ihr Dinge in einer Wortwahl, die ich nicht wiederholen würde – offenbar herrschte die Meinung, die attraktive Kollegin hätte sich ihren Job horizontal erarbeitet. Über die etwas üppigeren Maße einer anderen Kollegin wurde ebenfalls höchst despektierlich gelästert. Alle Äußerungen waren dermaßen respektlos und niederträchtig, dass es mir fast die Kehle zuschnürte. Als sich ein Kollege, dem das offenbar auch zu weit ging, vom

Tisch verabschiedete, nutzte ich die Chance und schloss mich ihm an. Solche bösartigen Lästereien hatte ich in noch keiner anderen Redaktion erlebt. Wo war ich hier bloß gelandet? Zurück an meinem Schreibtisch erzählte ich Volker von diesem entsetzlichen Mittagessen, woraufhin er traurig meinte: «Sei froh, dass sie dich überhaupt gefragt haben. Mich haben sie noch nie mitgenommen.» Ich war schockiert!

Obwohl ich in den folgenden Wochen feststellte, dass die meisten Kollegen tatsächlich freundlich und harmlos waren, vergifteten die bösartigen Ränkeschmiede der Redaktion die Atmosphäre. Einmal verschwand Gunthers Gehaltsabrechnung, bis sie Tage später auf dem Schreibtisch einer Kollegin wiederauftauchte, ein anderes Mal bat ich zwei Kolleginnen, die gerade in ein Schwätzchen vertieft waren, um Hilfe, was sie laut lachend ablehnten. Als irgendwann das Gerücht die Runde machte, eine Kollegin hätte sich auf dem Klo mit einem Redakteur vergnügt, stellte die Betroffene den schnell ermittelten Urheber dieser Tratscherei sofort zur Rede. Der stritt das Ganze nicht mal ab: «Irgendwas musste ich doch erzählen!», rechtfertigte er sich, als sei es selbstverständlich, dass man Geschichten erfand, wenn es keine zu erzählen gab. Es wurden Intrigen gesponnen und böse Gerüchte in die Welt gesetzt, manche Kollegen schreckten vor nichts zurück. Es war wirklich erstaunlich: Nie hätte ich gedacht, dass eine Minderheit so tonangebend sein könnte.

Aber so fies manche Redakteure waren, so umgänglich und hilfsbereit wirkten einige Chefs. Bei RTL gab es eine andere und deutlich spürbarere Hierarchie, als ich es von Sat.1 gewohnt war: Der Chefredakteur, der in meiner alten Redaktion selbstverständlich ein und aus ging und mit allen per «Du» war, tauchte bei RTL nur ein einziges Mal auf: Als die Quoten besonders schlecht waren und er seinem Zorn darüber einmal freien Lauf lassen wollte. Ihm unterstand der Magazinchef, dem wiederum der Redaktionsleiter, und die CvDs – von denen gab es gleich mehrere – bildeten die Schlusslichter in der Chefkette. Sie waren für den Ablauf der aktuellen Sendung zuständig und je nachdem, an wen man geriet, mal mehr und mal weniger angenehm. Besonders in den Abnahmen traten sie sehr unterschiedlich auf. Die meisten nölten sofort dazwischen, sobald ihnen etwas nicht gefiel; sie machten sich nicht die Mühe, erst einmal das ganze Stück anzuschauen. Einmal musste ich mir nach einer Abnahme anhören, ich hätte die Geschichte komplett falsch erzählt, nach genauerem Nachfragen stellte sich aber heraus, dass meinem Chef lediglich die Musik nicht gefiel. Die Erzählweise eines Films ist eben auch Geschmackssache, und da kam es mitunter zu eigenartigen Situationen: Ein CvD hatte mich ein Stück umschneiden lassen. Als kurze Zeit später der Magazinchef auftauchte, um sich den Beitrag anzusehen, forderte der, den Beitrag wieder so zu schneiden, wie er ursprünglich war. Also war die Arbeit des Umschneidens völlig umsonst, und der CvD besaß nicht mal den Mumm zu sagen, dass er auf die Änderungen bestanden hatte. Nach oben wurde gebuckelt, nach unten getreten.

Als der Magazinchef mich einmal fragte, ob ich mich bei RTL wohl fühlte, da man ja an einer längeren Zusammenarbeit interessiert sei, erzählte ich offen von meinen Schwierigkeiten mit einigen Kollegen, woraufhin er einräumte, dass man das Problem kenne und daran arbeiten würde. Was später auch geschah …

Der Sommer nahte, und wie jedes Jahr wurde nun wieder händeringend nach Sonne-, Strand- und Meer-Themen gesucht. Dementsprechend stürzte man sich sofort auf eine Geschichte, die in der Bild stand: Angeblich drohten die deutschen Bewohner einer Luxusferienanlage auf Mallorca, streunende Katzen zu vergiften, die von einer tierlieben Bewohnerin regelmäßig gefüttert wurden. Ein Skandal! Zeitgleich meldeten die Nachrichtenagenturen, dass ein junger Deutscher auf der Baleareninsel unter Drogen- oder Alkoholeinfluss von der Straße abgekommen war und damit einen schlimmen Unfall verursacht hatte. Perfekter könnte es für ein Boulevardmagazin nicht sein. Die Chefs zögerten nicht lange und erteilten mir den Auftrag, gemeinsam mit Jan und seinem Assistenten nach Mallorca zu fliegen. Auf die Themen hatte ich zwar keine Lust, trotzdem schien mir dieser Spanien-Aufenthalt mit meinem Freund verlockender als die Arbeit in der ungemütlichen Redaktion. Über das Firmenreisebüro buchte ich unsere Flüge und eine Unterkunft, fuhr anschließend nach Hause, um meinen Koffer zu packen, und landete noch am selben Abend in Palma de Mallorca …

«Komm ich jetzt ins Fernsehen?»

Die Geschichten schienen auf den ersten Blick leicht umsetzbar: Den Autounfall des jungen Deutschen nahmen meine Chefs zum Anlass, über die vielen Urlauber zu berichten, die sich nach dem Feiern betrunken hinters Steuer setzten, um zu ihren Hotels zurückzueiern. «Gefährlicher Mallorca-Urlaub: Promille-Fahrer am Ballermann» – so weit die Phantasie meiner Vorgesetzten. Wir verabredeten uns mit dem Chef der größten Mietwagenfirma auf der Insel, um mit ihm über dieses Problem zu sprechen. Ich war tief beeindruckt, als ich den Fuhrpark-Friedhof dieses Unternehmens betrat: So viele zerknautschte Neuwagen wie hier hatte ich noch nie auf einem Haufen gesehen! Die betrunkenen Raser schienen ein echtes Problem zu sein. Aber der Chef der Mietwagenfirma wiegelte ab: «Dass jemand betrunken einen Unfall baut, kommt ganz selten vor. Wer feiern möchte, bucht sich ein Hotel am Ballermann und braucht dann kein Auto.» Das leuchtete mir ein. Aber wo kamen dann die vielen Unfallwagen her? «Unser Problem ist vielmehr, dass es hier derzeit häufig regnet. Durch den Sand werden die Straßen glatt wie Schmierseife – die Touristen können damit nicht umgehen und bauen Unfälle!», erklärte unser Gesprächspartner und fällte damit beinahe das Todesurteil für den geplanten Beitrag. Offenbar waren betrunkene Autofahrer hier bei weitem keine so große Bedrohung, wie die Chefs sich das wünschten.

Geschichte Nummer 2 wurde ein ähnlicher Reinfall: Wir fuhren zu der superteuren Luxuswohnanlage, die direkt neben dem Anwesen von Claudia Schiffer lag. Schon bei der Ankunft hielten wir nach den vielen streunenden Katzen Ausschau, die hier vergiftet werden sollten, konnten aber keine entdecken.

Kamen wir womöglich zu spät? Schnell fanden wir die Frau, die sich offenbar für die armen Tiere einsetzte und mit ihrem Engagement auch in der Zeitung zitiert wurde. Doch leider stellte sich auch in diesem Fall vor Ort alles ganz anders dar: «Nein, so bedrohlich, wie Sie glauben, ist das hier nicht. Die Nachbarn beschweren sich zwar und drohen mit einem Tierfänger, aber Gift hat hier noch keiner gelegt.» Kein grausamer Katzenmord, kein Gift, keine lauten Konfrontationen – damit war auch diese Geschichte gestorben. «Aber wenn es hier doch noch brenzlig werden sollte, rufe ich Sie an!», versprach die engagierte Tierfreundin, während sie drei Katzen fütterte. Ausgerechnet ich war auf eine klassische Bild-Zeitungsübertreibung hereingefallen, dabei hätte ich es nach meiner Erfahrung doch wirklich besser wissen müssen!

Inzwischen fühlte ich mich ziemlich mies: Ich hatte ein schlechtes Gewissen, weil beide Beiträge gestorben waren. Wäre ich weniger überstürzt abgereist und wären die Geschichten dementsprechend besser vorrecherchiert worden, hätte man diese Misserfolge vermeiden können.

Missmutig blätterte ich in der Mallorca-Zeitung, in der Hoffnung, auf neue Themen zu stoßen. Wir fuhren sogar ins Krankenhaus, um deutsche Patienten zu finden, die promilleschwer womöglich andere Unfälle, etwa einen Sturz vom Balkon oder eine Verletzung beim Banana-Boot-Fahren, gehabt hatten. Ohne Erfolg.

Schließlich hatte ich die Idee, zum Ballermann zu fahren, um dort nach einem echten Mallorca-Hallodri zu suchen, einem Mann, der sehnsüchtig auf den Saisonstart gewartet hatte, um dann wieder reihenweise Frauen abzuschleppen. Solche Geschichten hingen mir zwar zum Halse raus, aber sie funktionierten – immer! Über eine deutsche Frau aus einem Tattoo-Studio kamen wir auf Ingo. Der durchtrainierte Zweimetermann war vor Jahren nach Mallorca ausgewandert, um hier Partys zu organisieren. Nebenbei verführte er so viele Frauen wie möglich, er prahlte sogar mit mehreren Tausenden! Während wir mit ihm sprachen und versuchten, uns für den nächsten Tag zum Drehen zu verabreden, wurde ich immer müder. In einer Fitnesszeitung hatte ich gelesen, dass intensives Reiben am Ohrläppchen stimulierend wirken soll, weshalb ich während der ganzen Unterhaltung permanent mein Ohr knetete, was mir später einen Rüffel von Jan einbrachte: «Na, der hat dir wohl gefallen?», stichelte er auf dem Heimweg zu unserer Finca. «Du hast die ganze Zeit so aufreizend mit deinem Ohrläppchen gespielt!» Dabei hatte ich doch nur versucht, wach zu bleiben …

Immerhin hatte Ingo unserem Dreh zugestimmt und versprochen, am nächsten Tag am Strand zu erscheinen. Lässig auf einer Harley sitzend, tauchte er tatsächlich zur verabredeten Zeit am verabredeten Ort auf und gab uns die O-Töne, die wir für ein solches Stück brauchten. Anschließend testeten wir seine Wirkung auf Frauen mit der versteckten Kamera. Und tatsächlich: Die Angesprochenen ließen sich gerne auf Verabredungen mit dem gutaussehenden Ingo ein. Ob sie ihm allerdings sogar bis ins Schlafzimmer folgten, habe ich nicht kontrolliert, was mir später prompt eine Rüge der Chefs einbrachte. Trotzdem nahmen sie das Stück in die Sendung, und erfreulicherweise sorgte es sogar für eine gute Quote. Glück gehabt!

Zurück in Köln kämpfte ich plötzlich gegen eine permanente Müdigkeit, die mich meist direkt nach Feierabend ins Bett fallen ließ. Als ich kurze Zeit später weitere Veränderungen an meinem Körper feststellte, ahnte ich, was mir ein Besuch beim Frauenarzt bestätigte: Ich war schwanger! Zu einem denkbar ungünstigen Zeitpunkt: nicht nur in einer fremden Stadt, sondern auch mit einem relativ neuen Freund und obendrein noch bei einem neuen Arbeitgeber.

Jan freute sich riesig, aber ich war zerknirscht, vor allem den Chefs gegenüber hatte ich ein schlechtes Gewissen, dass ich, kaum zwei Monate in der Redaktion, auf die Babypause zusteuerte. Dementsprechend schonte ich mich nicht, nahm jeden noch so anstrengenden Dreh an und produzierte häufig unter größtem zeitlichen Druck tagesaktuelle Beiträge. Immerhin fühlte ich mich in der Redaktion ein bisschen wohler, was vor allem daran lag, dass ich inzwischen an einem sehr netten Vierertisch saß – zusammen mit dem dauergemobbten Volker, einer hilfsbereiten Redakteurin und unserer Moderatorin, der dank mir bald nachgesagt wurde, schwanger zu sein: Ich sichtete auf ihrem Platz Archivmaterial für einen Beitrag, den ich am Nachmittag schneiden sollte. Da mir noch einige Tapes fehlten, lief ich ins um die Ecke liegende Archiv, um sie zu holen. Als ich zurückkam, entfernte sich gerade die größte Tratschtante der Redaktion von unserem Vierertisch. Um diesen Kollegen machte ich konsequent einen großen Bogen und war schon misstrauisch, wenn er mich nur nach dem Wetter fragte. Auch jetzt hatte ich sofort ein ungutes Gefühl, was sich prompt bestätigte. Zurück am Sichtplatz entdeckte ich etwas, das für meinen tratschsüchtigen Kollegen eine schnell zu verbreitende Sensation sein musste: Ganz oben in meiner Handtasche thronte der hellblaue Mutterpass. Zunächst ärgerte ich mich, dass nun bald alle Kollegen von meiner Schwangerschaft wissen würden, ich hätte es den Gewitterhexen gerne noch ein wenig vorenthalten. Dabei bedachte ich nicht, dass ich mich gerade nicht an meinem, sondern am Platz der Moderatorin befand. Wenige Tage später machte das Gerücht die Runde, dass sie schwanger sei. Zunächst brachte ich das gar nicht mit meinem Mutterpass in Verbindung, doch irgendwann fiel der Groschen: Mein tratschiger Kollege hatte offenbar die falschen Schlüsse gezogen! Das Schwangerschaftsgerücht verbreitete sich blitzschnell im ganzen Haus, erreichte sogar die obersten

Chefs. Die Moderatorin war entsetzt und konnte sich dieses Gerücht überhaupt nicht erklären. Ich ihr leider auch nicht, denn ich wollte mindestens die ersten drei Monate abwarten, bis ich jemanden über meine Schwangerschaft in Kenntnis setzte.

Als ich endlich den Mut dazu aufbrachte und mich sogar beinahe entschuldigte, dass ich so bald nach meinem Arbeitsbeginn ein Kind bekam, reagierten meine Chefs großartig. Sie gratulierten und versicherten mir, dass sie sich für mich freuen würden. Meinen Ausfall durch die Mutterschutzzeit würde RTL schon verkraften.

Kurze Zeit später reiste ich erneut nach Mallorca: Diesmal sollte ich den unsäglichen Playboy 51 treffen, der gerade eine CD aufgenommen hatte, aber weniger durch seine Musikalität als durch die Aussage, er hätte mit 10000 Frauen geschlafen, berühmt geworden ist. Es wurde ein fürchterlicher Dreh!

Wir holten den Berliner Oberproleten in seiner Billig-Unterkunft auf Mallorca ab, um mit ihm an den Ballermann zu fahren, da ich genau dort seine Zielgruppe vermutete. Wir hatten uns kaum an die Promenade gestellt, da stürmten johlende Betrunkenen-Massen auf uns zu. Die meisten glaubten offenbar, sie wären witzig, wenn sie in Ingolf-Lück-Manier «Komm ich jetzt ins Fernsehen?» in die Kamera brüllten. Tatsächlich nervte es. Es kam nämlich nicht nur einer auf diese Idee, sondern mindestens sechzig – pro Viertelstunde. Ständig zerrten diese Urlaubs-Alkoholiker an unserer Kamera, rissen das Mikrophon an sich, grölten und sangen «Geh doch zu Hause, du alte Schei...» Welch ein Horror, dieses nicht zu bändigende Superchaos!

Es dauerte eine Weile, bis wir unseren Protagonisten, der sich in seiner Rolle als Ballermann-Superstar bestens gefiel, aus den Massen lösen konnten, um mit ihm einige hundert Meter entfernt an der Promenade ein Interview zu führen. Ich bemühte mich wirklich, nett zu sein, obwohl mir er, seine dummen, frauenfeindlichen «Ich-kann-sie-alle-haben»-Äußerungen und der ganze Dreh ziemlich auf die Nerven gingen. Der Playboy hatte kaum zwei Fragen beantwortet, da ließ er mich mit einem «Ich zeck dann jetzt!», stehen. «Nein, wir müssen noch ein bisschen mehr drehen», erklärte ich ihm, woraufhin er mir zwei weitere Fragen beantwortete, ehe er mir mit einem weiteren «Ich zeck dann jetzt!» den Rücken zudrehte. Am liebsten hätte ich ihm den Hals umgedreht, stattdessen bat ich freundlich um die Fortsetzung unseres Interviews und fluchte innerlich über meinen niveaulosen Job, für den ich mal wieder sinnfreie Unterhaltung produzierte.

Das Drama mit dem Berliner Superplayboy dauerte noch mindestens drei Stunden und endete im alkoholschwangeren «Oberbayern», wo zwei wirklich attraktive Mädchen unentwegt an ihm klebten, bis er schließlich mit ihnen abzog. Ich verstand die Welt nicht mehr!

Am Morgen danach, als wir gerade den nächsten Dreh vorbereiteten, klingelte mein Handy – es war die Redaktion: «Der Heiner hat in der vergangenen Woche in einem extrem gammeligen Hotel am Ballermann eine Urlaubsärger-Nummer gedreht. Du weißt schon: nette Prospektbeschreibung und dann eine Horror-Unterkunft. Allerdings war der Hotelier zu keiner Stellungnahme bereit, stattdessen hat er versucht, den Heiner mit dem Auto zu überfahren. Du bist doch gerade auf Mallorca. Könntest du nicht nochmal versuchen, mit dem Hotelier zu sprechen?» Sprachlos setzte ich mich auf die Promenadenmauer. Ich weiß nicht, ob alle Chefs von meiner Schwangerschaft wussten und ob der CvD, der den Auftrag erteilt hatte, vielleicht noch nicht informiert war. Ich traute mich auch nicht, ihn darauf hinzuweisen. Wahrscheinlich wegen meines ohnehin schon schlechten Gewissens, unmittelbar nach meiner Einstellung schwanger geworden zu sein. Sollte ich jetzt tatsächlich zu einem gewalttätigen Hotelier fahren? Mit Baby im Bauch? Besorgt kam Jan auf mich zu: «Was war denn?» «Wir sollen zu einem prügelnden Hotelier fahren.» Eine Weile überlegten wir hin und her, ob wir den Auftrag absagen sollten oder ob es eine sichere Möglichkeit gab, ihn durchzuführen. Schließlich entschieden wir, dass ich mich – statt wie üblich davor – geschützt hinter das Team stellen sollte, während Jan und sein Assistent dem Hotelier die Kamera und das Mikrophon direkt vor das Gesicht halten würden.

Sobald wir auf das angegebene Hotel zukamen, sprang ein älterer Mann hinter der Rezeption hervor, um uns zu fragen, was wir schon wieder wollten. Aggressiv wirkte er nicht, aber sehr aufgelöst. Der Hotelier stellte seine Geschichte ganz anders dar, als es mein Kollege getan hatte. Er lud uns sogar ein, ins Haus zu kommen, um uns von dem einwandfreien Zustand seiner Zimmer zu überzeugen. Er vermutete, dass die jungen Urlauber, die meinem Kollegen von ihrem Horror-Aufenthalt erzählt hatten, sich rächen wollten, weil der Hotelier ihre nächtlichen Partys in den Zimmern gestört hatte. Der Mann fühlte sich als Opfer einer gemeinen Intrige und hatte Angst vor weiteren Fernsehberichten, die seinem Ruf schaden könnten. Gewalttätig kam er mir nicht vor, und obendrein präsentierte er uns auch noch mehrere Hotelgäste, die den Streit mit meinem Fernsehkollegen miterlebt hatten und bezeugten, dass es zu keinerlei Gewalttätigkeiten gekommen war. Es stand nun Aussage gegen Aussage. Also brachte ich den O-Ton des Hoteliers mit nach Deutschland, in dem er sich gegen die Beschuldigungen verteidigte, woraufhin mir der Kollege vorhielt, ich hätte seine Geschichte kaputt gemacht. Aber mit diesem Vorwurf konnte ich leben.

Jetzt reicht's!

Während einer kurzen Dreh- und Arbeitspause haben Jan und ich geheiratet. Zu der kleinen anschließenden Feier hatte ich sogar drei meiner neuen Kollegen eingeladen. Danach gönnten wir uns eine einwöchige Hochzeitsreise, ehe Jan sich zum nächsten Dreh verabschiedete. Er war als Kameramann in der ganzen Welt unterwegs und kaum zu Hause, während ich in Vollzeit arbeitete – meist an sechs Tagen pro Woche. Als ich wieder einmal von Montag bis Samstag unter viel Stress und Zeitdruck Beiträge produziert hatte, spürte ich an meinem freien Sonntag ein beunruhigendes Ziehen im Bauch. Höchst besorgt legte ich mich ins Bett: Waren das etwa Wehen? Ängstlich hielt ich mit der Hand meinen kleinen Babybauch und wagte kaum, mich zu bewegen ... Wäre Jan bei mir gewesen, hätte er mich sicher ins Krankenhaus gefahren, doch da er unterwegs war, lag ich einfach still im Bett und hoffte, dass die Beschwerden vorübergingen. Glücklicherweise war dem auch so, schon am nächsten Tag ging es mir besser, sodass ich mich wieder voller Elan in die Arbeit stürzte. Schließlich war das Ende dieser Stressphase absehbar: Wenn demnächst mein Ägyptologie- und Alte-Geschichte-Studium begann, würde ich nur noch meinen 12-Tages-Vertrag erfüllen und nicht weiter in Vollzeit schuften. Ich hoffte darauf, vor der Geburt meiner Tochter mein erstes Semester absolvieren zu können.

Doch es kam anders: Nach einem besonders aufreibenden Arbeitstag, an dem ich wegen eines Missverständnisses zwischen CvD und Redaktionsleiter einen Beitrag – 20 Minuten vor Sendungsbeginn – noch zweimal umschneiden musste, kam Gunther auf mich zu: «Du solltest besser auf dich aufpassen! Eine Freundin von mir hat nach ihrer stressigen Schwangerschaft eine Frühgeburt bekommen. Das Kind ist heute mehrfach behindert.» Doch ich konnte mir, trotz des alarmierenden Ziehens am Sonntag, nicht vorstellen, dass mir so etwas passieren könnte. Nur einen Tag später wurde meine Tochter geboren: viel zu früh, in der 27. Schwangerschaftswoche mit einem Gewicht von 870 Gramm. Ein Kamerateam lungerte auf den Gängen des Kreißsaals herum und ließ anfragen, ob sie drehen dürften. Ich war entrüstet – in diesem Moment hatte ich wirklich andere Sorgen! Später dachte ich häufig daran, wie viele Menschen ich in ähnlich schlimmen Lebensumständen gleichermaßen oder sogar hartnäckiger belagert hatte …

Statt der ursprünglich geplanten vier Monate blieb ich anderthalb Jahre zu Hause, um mich um unseren kleinen Schatz zu kümmern, der sich – Gott sei Dank! – prächtig entwickelte. Ich machte mir schwere Vorwürfe, in der Schwangerschaft so wenig Rücksicht auf meine, und damit auch auf die Gesundheit meiner Tochter genommen zu haben. Dieser Leichtsinn hätte so leicht ein schlimmes Ende nehmen können! Dass unsere Tochter gesund ist, betrachten Jan und ich beinahe als Wunder. Nie wieder wollte ich meine Prioritäten derart verschieben – zukünftig wollte ich mich endlich menschlich und verantwortungsvoll verhalten.

Noch in der Elternzeit begann meine Ehe zu kriseln. Daher zog ich es vor, wieder Geld zu verdienen, anstatt mir meinen Studientraum zu verwirklichen. Als ich dem Magazinchef verkündete, dass ich gerne wieder arbeiten würde, ermöglichte er mir, so viel oder wenig zu arbeiten, wie mir lieb war, und bot sogar Hilfe an, falls ich die Redaktion wechseln wollte. Für dieses Entgegenkommen war ich sehr dankbar.

Da mein alter Sitzplatz natürlich längst an eine neue Kollegin vergeben war, musste ich mir einen neuen suchen und fand ihn an einem netten Dreiertisch. Die Stimmung in der Redaktion hatte sich seit meinem Weggang verbessert; viele der alten Ränkeschmiede waren versetzt worden. Zwar ging es nicht so unbeschwert fröhlich wie in der Sat.1-Redaktion zu und weniger kollegial als bei der Bild, aber doch deutlich netter als vor meinem Erziehungsurlaub.

In der ersten Zeit arbeitete ich mal fünf, mal sechs, mal zwölf Tage im Monat – je nachdem, wie ich die Kinderbetreuung organisieren konnte. Meist passte meine Mutter, die inzwischen von meinem Vater geschieden und gemeinsam mit meinem Bruder zu unserer Unterstützung nach Köln gezogen war, auf unsere Tochter auf.

Da ich nur unregelmäßig in der Redaktion auftauchte, wurde ich an freien Tagen häufig zu Hause angerufen; manchmal auch mit Aufträgen, die mir noch stundenlang Herzklopfen bereiteten. Wie dieser: «Unsere Praktikanten haben vor einem Einkaufszentrum Leute gecastet, die bereit sind, ihrem Partner vor laufender Kamera ihren Seitensprung zu beichten. Kannst du das drehen?», fragte mich einer unserer CvDs. Ich schluckte. Das war genau die Art Themen, die ich nicht mehr machen wollte: Mal wieder sollten bemitleidenswerte Menschen vorgeführt werden. Doch mir fehlte der Mut, das zu sagen, stattdessen gab ich vor, keine Zeit zu haben. Danach ärgerte ich mich über meine Feigheit und nahm mir vor, beim nächsten Mal zu meiner Meinung zu stehen. Aber immerhin musste ich das Thema nicht drehen. Die Kollegin, die den Auftrag übernommen hatte, erzählte später, dass einer der Betrogenen geglaubt hatte, das Kamerateam käme von «Nur die Liebe zählt», sodass er sich zunächst über ihr Erscheinen gefreut hatte. Der Arme! Stattdessen beichtete die Freundin ihm ihre Untreue …

Durch meine Mutterschaft und die große Angst, die ich in den ersten Wochen um meine Kleine hatte, hatte sich meine Einstellung zur Arbeit grundlegend verändert: Ich hatte begriffen, dass es wichtigere Dinge gab, als dass jedes quotenversprechende Thema umgesetzt wurde und jeder Beitrag pünktlich «auf Sendung» ging. Das bedeutete nicht, dass mir die Arbeit gleichgültig war, ich machte sie nur nicht mehr zum Mittelpunkt meines Lebens. Dienstreisen, die länger als drei Nächte dauerten, lehnte ich ab. Ich wollte bei meiner Tochter sein. Ganz anders Jan: Der war inzwischen kaum mehr zu Hause, drehte an etwa 300 Tagen im Jahr irgendwo auf der Welt, sodass ich häufig scherzend bemerkte, dass ich eigentlich alleinerziehend war.

Unsere Beziehung litt darunter, dass wir kaum Zeit miteinander verbrachten, nie ausgingen und nicht einmal gemeinsam in den Urlaub fuhren. Ich hatte das Gefühl, Jan buchen zu müssen, wenn ich ihn sehen wollte. Als ich mal wieder an meinem Kölner Schreibtisch arbeitete und Jan irgendwo durch die Welt reiste, sprachen mich zwei Kolleginnen an, zu denen ich ein herzliches Verhältnis hatte. Sie drucksten herum und kamen nach einem unendlichen Anlauf endlich auf den Punkt: Ihnen war zugetragen worden, dass Jan mich mit einer Kollegin aus der Nachbarredaktion betrogen haben soll. Da ich meinem Mann so etwas nicht zutraute und wusste, dass die entsprechende Kollegin einen festen Freund im Sender hatte, hielt ich das Ganze für ein Gerücht.

Natürlich kannte ich solche Geschichten von anderen. Ich hatte mich oft mit Jan darüber unterhalten, wie hemmungslos einige Kollegen ständig auf der Pirsch nach dem anderen Geschlecht waren. Bei Drehs im Ausland, vorzugsweise Mallorca oder Ibiza, gab es sogar welche, die sich kaum auf die Arbeit konzentrieren konnten, wenn sie noch kein Date für die Nacht hatten. Ich glaube, Kameramänner üben auf einige Frauen einen besonderen Reiz aus: Als weitgereiste Abenteurer besaßen sie einen gewissen Glamour-Faktor. Den meisten fiel es nicht schwer, in Diskotheken Frauen für eine Nacht zu gewinnen – falls die Redakteurin nicht dazu bereit war. Dass zu

Hause Frauen und Kinder auf sie warteten, störte die meisten wohl nicht. Viele Kollegen waren auch für ihre regelmäßigen Bordellbesuche berüchtigt. Jan erzählte häufig von Redakteuren, die bereits auf der Hinfahrt zum Dreh Sexzeitungen nach entsprechenden Kontakten durchstöberten, um dann auf der Rückfahrt eindeutige Handy-Fotos oder Videos von ihren nächtlichen Abenteuern vorzuführen. Oftmals kannte ich deren Frauen oder Freundinnen und war entsetzt.

Viele Kolleginnen waren allerdings nicht besser: Ich kannte Redakteurinnen, die beinahe stolz mit ihren sexuellen Erlebnissen auf irgendwelchen Büroschreibtischen prahlten. Auch wusste ich ziemlich genau, mit welchem Kameramann sich ein Stelldichein lohnen sollte und mit wem eher nicht – darüber wurde offen gesprochen. Mir war also bewusst, dass es in unserer Branche wild zuging, meinem Jan hätte ich so etwas trotzdem nicht zugetraut.

Leider irrte ich mich. Und so zog ich mit meiner zweijährigen Tochter in eine kleine Zweizimmerwohnung und war dankbar, dass die Trennung von Jan bei RTL nicht sofort die Runde machte. Für die hämischen Sticheleien einzelner Kollegen hätte mir in der Anfangszeit die Kraft gefehlt. Als die Geschichte ein knappes Jahr später dann doch bekannt wurde, war sie «uralt», dementsprechend unspektakulär und schnell wieder vom Tisch.

Inzwischen war mein alter Chef, der mich ursprünglich zu RTL vermittelt hatte, abgesetzt und durch eine ehrgeizige Nachfolgerin ersetzt worden. Als sie mir zum ersten Mal auf dem Redaktionsgang entgegenkam, guckte sie mich derart unfreundlich an, dass sogar Gunther, der ihren Blick ebenfalls bemerkt hatte, mich fragte: «Was hast du denn mit der?» Dabei kannte ich sie bis dahin nicht einmal. Es verunsicherte mich zutiefst, dass diese Frau nun meine neue Chefin werden sollte. Mit dem Lotterleben war es zumindest vorbei – strikt musste ich meinen 12-Tages-Vertrag einhalten. Donnerstag, Freitag und Samstag wurden meine festen Arbeitstage, und daran ließ sich nichts rütteln. Als meine Tochter einmal sehr krank war und ich am Freitag eine Stunde vor Feierabend gehen wollte, blaffte meine Chefin mich an: «Und wer macht dein Stück?» Die herzliche Unterstützung, die ich bisher von meinen dortigen Chefs kannte, gab es nun nicht mehr. Stattdessen hatte ich eine Chefin, die mich häufig mit ihrer Kaltschnäuzigkeit überraschte. Sie gab mir – ähnlich wie ich es von Bild kannte – immer das Gefühl, nicht gut, höchstens gerade duldbar zu sein.

Inzwischen gehörte ich zu einem kleinen Team, das ausschließlich für die Samstags-Sendung zuständig war. Dort wurde häufig aus Rohmaterial von Beiträgen, die bereits unter der Woche gelaufen waren, längere Versionen desselben Themas geschnitten, und viel seltener als früher drehte ich selbst. Grundsätzlich war die Stimmung besser als unter der Woche. Man half sich, wenn es knapp wurde, sprang ein, wenn ein Kollege ausfiel, gab gerne Themen weiter und tauschte sich über Drehideen und mögliche Interviewpartner aus. Nur zu der Chefin blieb das Verhältnis zwiespältig. Manchmal beeindruckte sie mich, wenn sie – was durchaus nicht üblich war – ihren Vorgesetzten gegenüber zu ihren Entscheidungen stand oder sich vehement für uns Redakteure einsetzte. Außerdem schätzte ich sie dafür, dass sie meist einen genauen Plan für ihre Sendung hatte, den sie nicht wie viele andere im Halbstundentakt über den Haufen warf. Andererseits empfand ich sie häufig als ungerecht oder intrigant, weshalb ich ihr stets misstraute.

Anders als in meinen ersten beiden Redaktionen vermied ich einen engen Kontakt zu meinen Kollegen, beteiligte mich kaum an irgendwelchen Gemeinschaftsaktionen wie Grillabende, Flurgespräche oder Kantinengänge; sogar Weihnachtsfeiern ließ ich lieber aus. Natürlich gab es einige Kollegen, denen ich mich nah und verbunden fühlte, doch die meisten waren mir suspekt. Und in regelmäßigen Abständen wurde mein Misstrauen bestätigt: Einmal war ich gerade mit meiner Mutter einkaufen, da klingelte das Telefon und eine Kollegin war am Apparat: «Ich arbeite doch jetzt wieder jeden Tag und du doch nur drei Mal pro Woche. Unser Redaktionsleiter sagt, dass ich mich an deinen Platz setzen soll, und ich wollte fragen, ob das in Ordnung ist.» «Wenn er das sagt, kann ich mich doch eh nicht dagegen wehren», entgegnete ich frustriert. Was hatte sich mein Redaktionsleiter denn dabei gedacht? Schließlich musste ich doch auch irgendwo sitzen! Gleich am nächsten Tag fing ich ihn auf dem Gang ab, um dieses Thema anzusprechen. Zunächst wusste er gar nicht, was ich meinte, aber dann dämmerte es ihm: «Ich habe lediglich gesagt, dass sie Kollegen ansprechen muss, ob die ihr den Platz überlassen. Und als sie speziell nach deinem Schreibtisch gefragt hat, habe ich gesagt: Frag doch Kerstin.» Von wegen «der Redaktionsleiter hat gesagt»! Wütend stapfte ich zu meiner Kollegin, die es sich an meinem Platz bereits gemütlich gemacht hatte: «Nein, das hast du falsch verstanden. Ich habe dich nur gefragt, ob ich mich an deinen Tisch setzen darf», erklärte sie ungerührt und fest entschlossen, ihren ergaunerten Platz nicht wieder herzugeben.

Nachdem ich zuerst befürchtete, ab sofort heimatlos von einem vorübergehend freien Schreibtisch zum nächsten tingeln zu müssen, konnte ich glücklicherweise den Sitzplatz einer Kollegin übernehmen, die gerade gegangen war. Mein neuer Tischnachbar war ein sehr lieber Freund, und auch meine Lieblingskollegin saß direkt nebenan – damit hatte ich mich platzmäßig eindeutig verbessert.

Inzwischen war meine Tochter drei Jahre alt und ging in den Kindergarten. Nun konnte ich endlich wieder studieren! Statt Ägyptologie fortzusetzen, schrieb ich mich für Psychologie ein, was mir deutlich mehr Spaß machte. Einige meiner

Vorgesetzten äußerten, dass es ihnen lieber wäre, ich würde mehr arbeiten, aber ich war glücklich, mir nun endlich meinen Traum erfüllen zu können.

Damals ahnte ich noch nicht, dass ich RTL ohnehin bald verlassen würde. Als ich mal wieder nach einem neuen Thema suchte, kam ein Anruf von einem CvD aus der Wochensendung, mit dem ich sonst kaum zu tun hatte. Er fragte mich, ob ich ausnahmsweise für ihn arbeiten könnte, weil er einen schwierigen Auftrag hätte: Ich sollte besonders verschlossene Gesprächspartner zum Plaudern bringen, was mir in der Vergangenheit bereits häufig gelungen war. Zunächst fühlte ich mich geschmeichelt. Allerdings nur so lange, bis ich erfuhr, was meine Aufgabe war: Bei einem Playboy-Fotoshooting sollte ich die entblößten Damen dazu bringen, kräftig über ihre Konkurrentinnen herzuziehen. Erfahrungsgemäß war das schwierig bis unmöglich, da die Playmates – ähnlich wie die Teilnehmerinnen von Schönheitswettbewerben – darauf gedrillt zu sein schienen, zu behaupteten, man würde sensationell viel Spaß miteinander haben. Wie befürchtet, hatte auch ich keinen Erfolg. Also musste ich meinen Beitrag umstellen und berichtete nun über die «Schönheitsfehler der Playmates». Tatsächlich gab es nämlich keinen einzigen sich im Magazin dellen- und makellos räkelnden Hasen, der es in Wirklichkeit auch war: Alle hatten kleine Bäuche und/oder Schwangerschaftsstreifen und/oder Dellen. Die Geschichte war nett und harmlos.

Als mich die Kindergärtnerin meiner Tochter wenige Tage später auf den Film ansprach, wusste ich schon gar nicht mehr, wovon sie sprach. Nur selten erinnerte ich mich am Montag noch daran, was ich am Samstag geschnitten hatte. Das gab mir zu denken: Offenbar war meine Arbeit zu belanglos, sie berührte mich nur selten. Voller Wehmut fielen mir meine früheren Medizingeschichten ein, an die ich mich allesamt noch besser erinnerte als an die Arbeit vom Vortag.

In meinem letzten Jahr als Boulevardredakteurin gab es nur vier Beiträge, die mich bewegten: Einmal besuchte ich eine junge Frau im Frauengefängnis in Aichach, die dort mit ihrem etwa einjährigen Sohn die Haftstrafe wegen eines Verstoßes gegen das Betäubungsmittelgesetz verbüßte. Der kleine Junge, der gerade laufen lernte, kam nicht ins Schwimmbad, nicht in den Zoo, zu seinem Alltag gehörten weder Autos noch Geschäfte. Es verdeutlichte mir, wie unterschiedlich die Startbedingungen für jedes Kind sind. Ich hoffe sehr, dass die Mutter ihr Vorhaben, ihr Leben in den Griff zu bekommen, tatsächlich umsetzen kann.

Ein anderes Mal berichtete ich über eine junge Mutter, die sich wenige Tage nach der Entbindung aus einem Fenster ihres Krankenhauses gestürzt hatte. Vermutete Ursache für den Selbstmord war eine von den Ärzten nicht erkannte Wochenbettpsychose. Die Angehörigen wussten vorher nicht einmal, dass es so etwas überhaupt gibt.

Besonders nah ging mir auch ein Dreh auf der Frühgeborenenstation mit Babys, die bei ihrer Geburt weniger als 500 Gramm gewogen hatten. Im Vergleich zu diesen Winzlingen kam mir im Rückblick meine eigene Tochter mit ihren 870 Gramm Geburtsgewicht beinahe riesig vor.

Und als Letztes machte ich einen Beitrag über eine junge Ärztin, die in ihrem Urlaub regelmäßig nach Kambodscha flog, um dort Kinder mit Kiefer-Gaumenspalten zu operieren.

An diese Beiträge konnte ich mich auch am Montag danach noch erinnern – an alle anderen nicht. Ich hatte das Gefühl, überhaupt nicht journalistisch zu arbeiten, sondern nur stumpfsinnige Unterhaltung abzuliefern, wenn ich über die Kandidaten von «Deutschland sucht den Superstar», die Trennung von Dieter Bohlen und Estefania, ein Autorennen mit Gaby Köster, saufende Australier auf dem Oktoberfest, darüber, was die Semi-Prominenz in ihren Handtaschen mit sich führte, und die skurrilen Bikinis einzelner Ibiza-Urlauber berichtete …

Als meine Chefin mir den Auftrag gab, in die Stadt zu fahren, um dort eine Umfrage zum Thema «Mehr Sexlust im Sommer» zu machen, sah ich betrübt nach draußen in den regengrauen Himmel über Köln. Ein solcher Beitrag lief in jedem Sommer, aber normalerweise bei gutem Wetter. Missmutig bestellte ich ein Kamerateam, das diesen Auftrag mit Gelassenheit nahm: «Na und? Ist doch nur zum Geldverdienen!» Das sollte es für mich eigentlich auch sein – eine Gelegenheit, mein Studium zu finanzieren. Aber gab es dafür keine andere Möglichkeit? Eine, die mir Spaß machte? Ich hatte es satt, ich fühlte mich zu alt für solche Themen. Und das Schlimmste: Ich schämte mich, ich konnte nicht mehr hinter ihnen stehen.

Da es sich in der Domstadt so richtig eingeregnet hatte, beschlossen wir, nach Bonn zu fahren. Womöglich war da das Wetter besser? Leider Fehlanzeige. Deshalb rief ich meine Chefin an, um ihr zu sagen, dass es wenig Sinn machte, bei diesem Wetter eine Umfrage über gesteigertes Sexualverlangen durch Sonnenschein zu machen. Sie sah das anders: «Ist das Thema denn so schwer zu verstehen?», blaffte sie mich an. «Dann fahrt halt ins Einkaufszentrum.» Da weitere Diskussionen keinen Sinn machten, beugten wir uns ihren Anweisungen, besorgten uns eine entsprechende Drehgenehmigung und starteten die Sexlust-Umfrage. Die meisten Leute rannten sofort weg, als sie das Mikrophon nur sahen, viele weitere verdrückten sich, sobald sie die Frage hörten, aber immerhin zwölf gaben freundlich Auskunft über ihre Hormonschübe bei Sonnenschein.

Als ich an diesem Tag nach Hause fuhr, war mir klar, dass ich diesen Job nicht länger machen wollte. Ich hatte die Nase voll von solchen sinnbefreiten Themen und dem respektlosen Umgang mit Menschen. Parallel dazu – offenbar waren die

Zuschauer von Geschichten, die sie kurz nach dem Anschauen schon wieder vergessen hatten, genau so gelangweilt wie ich – war die Einschaltquote unserer Sendung inzwischen dermaßen schlecht, dass es Gerüchte gab, das Boulevardmagazin würde bald abgesetzt werden, was zur Folge hätte, dass dann eine ganze Redaktion auf den Arbeitsmarkt drängen würde. Genau genommen gab es keinen Grund, an dem Job festzuhalten. Da mein Vertrag ohnehin befristet war und jedes Jahr aufs Neue verlängert wurde, hätte ich eigentlich das Gespräch mit meinem Redaktionsleiter gar nicht suchen müssen. Trotzdem war es mir wichtig, ihn über meinen Entschluss zu informieren. Wir hatten ein sehr gutes Gespräch, was mich noch einmal kurz über meine Entscheidung nachdenken ließ. Doch ich blieb dabei.

An meinem letzten Arbeitstag, als ich mich von meinen Kollegen verabschiedete, kamen mir dennoch die Tränen. Schließlich war es nicht nur ein Abschied von einer Redaktion, in der ich mich fast sechs Jahre bewegt hatte – es war der Abschied von einem ganzen Lebensabschnitt: von turbulenten Reisen, spannenden Menschen, skurrilen Begebenheiten, aber auch von Unehrlichkeit, Menschenverachtung und Stumpfsinn. Es war mein Abschied vom Boulevardjournalismus.

Danksagung

Ich danke meinen Freunden Anja und Uwe dafür, dass sie mich auf einer Grillparty überhaupt auf die Idee gebracht haben, dieses Buch zu schreiben. Glücklicherweise vermittelte mir ausgerechnet ein sehr lieber RTL-Kollege den Kontakt zu meiner Agentin Petra Hermanns, durch deren positive, herzliche Art ich mich bei meiner Arbeit stets wohl gefühlt habe. Ein besonderer Dank gilt auch meinen Freunden Babette, Burghard, Christian, Katrin, Lutz, Magnus, Martina, Michel, Silke, Sophie und Veronika (!!!), die mich entweder ermutigt und motiviert und/oder sich auch die x-te Fassung des Manuskripts geduldig durchgelesen und durch ihre Anmerkungen verbessert haben. Diesbezüglich möchte ich auch meiner Lektorin Julia Vorrath danken, die mir maßgeblich und mit großer Zielsicherheit geholfen hat, aus einer beinahe nüchternen Aufzählung ein sehr persönliches Buch zu schaffen. Uli danke ich für ihren spontanen Foto-Einsatz in der Mittagspause; Günter Wallraff dafür, dass er das Vorwort geschrieben hat – das bedeutet mir sehr viel. Der größte Dank gilt meiner lieben Familie, die mir die Sicherheit und den Mut gegeben hat, ein solches Projekt überhaupt anzugehen, und Noa, dass sie so geduldig gemalt hat, wenn ich mal wieder in Zeitnot geriet … Euch allen von Herzen vielen Dank!